D'ACCORD AVEC MON CORPS

Louise L. Hay

Editions Vivez Soleil

L'IMPRESSION EN COULEUR

Nous avons choisi d'imprimer les textes de nos livres avec une encre de couleur, malgré le surcoût que cela représente, dans le but d'éviter la surintellectualisation qu'entraîne le noir-blanc et favoriser l'harmonie entre le cerveau gauche (responsable de la logique rationnelle) et le cerveau droit (facultés intuitives et imaginatives). Nous voulons ainsi faciliter une lecture plus globale et plus gaie tout en contribuant à développer votre potentiel de santé physique et psychique.

Trouvez tous nos ouvrages
dans notre catalogue complet, gratuit
-livres, cassettes audio et vidéo-
(merci de joindre un timbre au tarif en vigueur)
EDITIONS VIVEZ SOLEIL
Suisse : 32 av. Petit Senn, 1225 Chêne-Bourg/Genève Tél : 349.20.92
France : Z.A. de l'Eculaz, 74930 Reignier Tél : 50.43.47.92

Illustrations : Séverine Tirel
Photocomposition : Thiong Toye & Associés
Traduction : Béatrice Petit
HEAL YOUR BODY by Louise L. Hay expanded-revised edition

32 av. Petit Senn - CH - 1225 Chêne-Bourg / Genève
ISBN : 2-88058-089-7

SOMMAIRE

L'auteur de ce livre ne dispense pas de conseils médicaux et ne préconise aucune technique comme traitement médical sans l'avis d'un médecin, que ce soit directement ou indirectement. Son intention est seulement de vous proposer une information générale pour vous aider à coopérer avec votre médecin dans votre quête commune de la santé. Si vous utilisez pour vous une information de ce livre, vous décidez pour vous-même, ce qui est votre droit le plus strict, mais l'auteur et l'éditeur déclinent toute responsabilité pour vos actes.

DEDICACE

Voici ce que je crois depuis longtemps : « Tout ce que je dois savoir m'est révélé »,« Tout ce dont j'ai besoin vient à moi », « Tout est bien dans ma vie ». Il n'y a rien de nouveau. Tout est ancien et infini. Ma joie et mon plaisir consistent à recueillir et rassembler sagesse et connaissance pour le bénéfice de ceux qui sont sur le chemin de la guérison. Je dédie ce livre à toutes les personnes qui m'ont appris ce que je sais : à mes nombreux clients, mes amis dans le domaine, mes maîtres, ainsi qu'à l'Intelligence divine infinie, qui a bien voulu transmettre à travers moi ce que d'autres ont besoin d'entendre.

REMERCIEMENTS

Je remercie ici Robert Lang, Professeur de Médecine à l'Université de Yale, Pete Grim, D.C., et René Espy, D.C., qui m'ont permis de bénéficier de leurs idées et leur sagesse.

INTRODUCTION DE L'EDITEUR

Le rayonnement de Louise L. Hay s'étend bien au-delà des Etats-Unis. Dans les pays francophones, nous sommes heureux d'avoir contribué à la diffusion de son enseignement en publiant trois livres très appréciés : *Transformez votre Vie*, *L'Amour sans Condition* et *La Force est en Vous.*

Proposer aux lecteurs de langue française *D'accord avec mon corps*, c'est apporter sous une forme simple et synthétique l'essentiel du travail de Louise L. Hay. Vous y retrouverez, révisée et augmentée, ce qu'elle appelle « la liste » dans *Transformez votre Vie*. Ici, cette liste est assortie de commentaires et d'ajouts précieux qui font de ce petit ouvrage un compagnon à avoir toujours près de soi.

Louise L. Hay enseigne ce qu'elle a vécu. Elle a fait elle-même l'expérience du pouvoir de l'esprit sur le corps.

Il est toutefois capital de garder le sens de la mesure. Pour la plupart des êtres humains au stade actuel, la souffrance et la maladie sont encore des réalités. Il serait donc insensé de prendre les schémas de pensée suggérés par Louise L. Hay pour des formules magiques et d'en attendre des miracles. Considérons plutôt cet ouvrage comme une invitation à devenir de plus en plus conscients de l'importance de la pensée, de son rôle créateur du meilleur comme du pire, de la santé comme de la maladie. Certes, la pensée n'est pas le seul élément déterminant car la manière dont nous créons notre réalité est très complexe. Pourtant il est certain qu'elle compte parmi les cofacteurs de création les plus puissants.

C'est à chacun de nous qu'il appartient de dissoudre ses schémas de pensée négatifs pour les remplacer par des schémas positifs. Ensuite il est indispensable, pour pouvoir obtenir des résultats concrets, de compléter cette démarche par un travail de transformation des habitudes de vie sur les plans physique, émotionnel et spirituel.

En apprenant, avec ce livre, à devenir conscients de l'influence de nos pensées sur notre corps et à utiliser la force de la pensée positive, nous pouvons vivre toujours plus en accord avec notre corps.

Les Editions Vivez Soleil

PREFACE DE LA QUATRIEME EDITION AMERICAINE

Je ne me doutais absolument pas, lorsque je préparais la version initiale de ce livre, qu'aujourd'hui j'écrirais une préface pour la quatrième édition révisée et augmentée. Le « petit livre bleu »[1], comme l'appellent affectueusement des milliers de personnes, est devenu un outil indispensable pour beaucoup de gens. J'en ai vendu des centaines de milliers d'exemplaires, bien plus que ce que j'imaginais au départ. Ce livre m'a ouvert d'innombrables portes et m'a fait nouer des amitiés partout. Où que je voyage, je rencontre des gens qui me montrent un exemplaire lu et relu qu'ils portent en permanence dans leur sac ou leur poche.

Ce petit livre ne « guérit » pas. Il réveille en vous la capacité de contribuer à votre propre processus de guérison. Pour que nous devenions des êtres complets et sains, il nous faut trouver un équilibre entre notre corps, notre mental et notre esprit ; prendre bien soin de notre organisme ; avoir une attitude mentale positive à propos de nous-mêmes et de la vie et, enfin, nous assurer d'un ancrage spirituel puissant. Lorsque ces trois conditions sont remplies, nous avons du

1. La couverture de la version américaine est bleue (N.d.T.).

plaisir à vivre. Aucun médecin, aucun praticien de santé ne peut nous donner ce plaisir si nous ne décidons pas de participer à notre processus de guérison.

Vous trouverez de nombreux ajouts dans cette nouvelle édition, qui est en outre dotée de références croisées pour fournir davantage d'entrées. Je vous suggère de faire une liste de tous les problèmes que vous avez eus et d'en rechercher les causes mentales. Vous découvrirez un schéma qui vous apprendra beaucoup de choses sur vous-même. Choisissez certaines affirmations et répétez-les pendant un mois. Cela vous aidera à vous défaire des vieux schémas que vous portez en vous depuis longtemps.

Louise L. Hay

Santa Monica, Californie
1er février 1988

INTRODUCTION

Dans cette nouvelle édition révisée, je désire vous faire part de l'une des raisons pour lesquelles JE SAIS que l'on peut inverser le cours de la maladie simplement en inversant les schémas mentaux.

Il y a quelques années, on me diagnostiqua un cancer du vagin. Etant donné mon passé d'enfant battue et violée à l'âge de cinq ans, ce cancer dans la région vaginale n'avait rien d'étonnant. J'enseignais alors la guérison depuis plusieurs années déjà et me rendais parfaitement compte que cela me donnait l'occasion de mettre en pratique sur moi-même et de prouver ce que je disais aux autres.

Comme toute personne venant d'apprendre qu'elle a un cancer, j'étais profondément paniquée. Et pourtant j'étais persuadée de la valeur de la guérison mentale. Sachant que le cancer est la conséquence d'un schéma de profond ressentiment entretenu assez longtemps pour littéralement dévorer le corps, je comprenais que j'avais beaucoup de travail mental à faire. Si je me contentais de subir l'opération supposée me débarrasser du cancer sans me délivrer du schéma mental qui l'avait créé, les médecins continueraient à découper Louise en petits morceaux jusqu'à ce qu'il n'y ait plus de Louise à découper. Si j'étais opérée et me délivrais du schéma mental qui était à l'origine du cancer, celui-ci ne reviendrait pas. Lorsque le cancer ou toute autre maladie récidive, ce n'est pas, d'après moi, parce que le médecin n'a pas « tout enlevé », mais parce que le patient n'a pas fait de changements mentaux et qu'il recrée donc la même maladie. Je savais aussi que, pour effacer le schéma mental qui avait abouti au problème nommé cancer, je n'avais pas besoin de médecin. Je voulus donc gagner du temps. A contrecœur, mon docteur m'accorda trois mois, tout en m'avertissant que, par ce délai, je mettais ma vie en danger.

J'entrepris aussitôt de travailler avec mon propre professeur pour me délivrer de mes vieux schémas de ressentiment. Jusque-là, je ne m'étais pas aperçue que je portais en moi un tel ressentiment. Nous sommes souvent aveugles à nos propres schémas ! Un grand travail de pardon fut accompli. Parallèlement, j'allai voir un bon nutritionniste pour entreprendre une détoxication profonde de mon organisme. Ainsi, en six mois, entre le nettoyage mental et le nettoyage physique, j'obtins que le corps médical reconnaisse ce que je savais déjà : je ne présentais plus du tout de cancer. Je conserve toujours le premier compte rendu du laboratoire, pour me rappeler à quel point je peux être créative dans la négativité.

Maintenant, quand un client vient me trouver, peu importe la gravité de sa situation : je SAIS que s'il VEUT faire le travail mental de lâcher prise et de pardon, presque tout peut être guéri. Le terme « incurable », qui effraie tant de monde, ne signifie en réalité que ceci : ce problème particulier ne peut être guéri par des méthodes « externes » et nous devons ALLER A L'INTERIEUR pour obtenir la guérison. La maladie vient du néant et y retournera.

LE MOMENT DU POUVOIR EST LE MOMENT PRESENT

Ici et maintenant, dans notre mental. Aussi anciens que soient nos schémas négatifs, notre maladie, notre relation infernale, notre manque d'argent ou bien notre haine envers nous-mêmes, nous pouvons commencer à changer dès aujourd'hui. Les pensées que nous avons ressassées et les paroles que nous avons répétées ont créé notre vie et nos expériences jusqu'à maintenant. Mais ces pensées appartiennent au passé, c'est du déjà pensé. Ce que nous choisissons de penser et de dire aujourd'hui, à cet instant même, créera demain et après-demain, la semaine prochaine, le mois prochain, l'année prochaine, etc. Le moment du pouvoir est toujours le moment présent. C'est là que nous commençons à faire des changements. Quelle idée libératrice ! Nous pouvons entreprendre d'abandonner nos vieilles aberrations. A l'instant même. Le moindre commencement fera la différence.

Tout petit, vous étiez joie et amour purs. Vous saviez combien vous étiez important, vous sentiez que vous étiez le centre de l'univers. Vous aviez beaucoup de courage, vous réclamiez ce que vous vouliez et vous exprimiez ouvertement tous vos sentiments. Vous vous aimiez totalement, vous aimiez toutes les parties de votre corps, vous aimiez aussi vos déjections. Vous saviez que vous étiez parfait. Et c'est là la vérité de votre être. Tout le reste n'est que sottises apprises qui peuvent être désapprises.

Combien de fois avons-nous dit : « Je suis ainsi » ou : « Les choses sont ainsi » ? En réalité, nous disons ce que nous « croyons être vrai pour nous ». Notre croyance est en général une opinion d'autrui, que nous avons acceptée et incorporée à notre propre système de croyance. Elle s'accorde avec celles que nous avons déjà. Si, enfant, on nous a appris que le monde est un lieu effrayant, nous acceptons pour vrai tout ce que nous entendons qui va dans le sens de cette croyance. « Méfie-toi des étrangers », « Ne sors pas le soir », « Les gens te trompent », etc. D'un autre côté, si on nous a appris tôt dans la vie que le monde est un lieu sûr et joyeux, nous croirons d'autres choses. « L'amour est partout », « Les gens sont si gentils », « L'argent vient à moi facilement », etc. Les expériences de notre vie sont le miroir de nos croyances.

Nous prenons rarement le temps de remettre en question nos croyances. Par exemple, je pourrais me demander : « Pourquoi est-ce que je crois avoir des difficultés à apprendre ? Est-ce vraiment exact ? Est-ce vrai pour moi maintenant ? D'où me vient cette idée ? Vient-elle d'un instituteur qui me l'a répétée dans une classe primaire ? Aurais-je intérêt à abondonner cette idée ? »

Faites une pause pour retenir votre pensée. A quoi pensez-vous à l'instant même ? Si vos pensées modèlent votre vie et vos expériences, voudriez-vous que cette pensée devienne vraie pour vous ? S'il s'agit d'une pensée de souci, de colère, de peine ou de vengeance, comment croyez-vous qu'elle vous reviendra ? Pour mener une vie de joie, nous devons avoir des pensées de joie. Tout ce que nous émettons mentalement ou verbalement nous reviendra tel quel.

Prenez un peu de temps pour écouter les paroles que vous prononcez. Si vous vous entendez répéter une phrase trois fois, notez-la. Elle est devenue un schéma pour vous. A la fin de la semaine, regardez la liste que vous avez dressée et vous verrez combien vos paroles déterminent vos expériences. Soyez désireux de changer vos paroles et vos pensées et voyez votre vie changer. Le meilleur moyen de contrôler votre vie est de contrôler votre choix de mots et de pensées. Personne ne pense dans votre tête hormis vous.

LES EQUIVALENTS MENTAUX : les schémas de pensée qui modèlent notre expérience

Dans notre vie, les choses plaisantes et les épreuves, comme la maladie, sont le résultat de schémas de pensée qui modèlent notre expérience. Nous avons tous des schémas qui produisent des expériences bonnes, positives, et que nous apprécions. Ce sont nos schémas de pensée négatifs qui produisent des expériences désagréables, ingrates, qui nous affectent. Notre désir est de changer notre maladie en santé parfaite.

Nous avons appris que tout ce qui nous arrive est précédé et entretenu par un schéma de pensée. Nos schémas permanents créent nos expériences. C'est pourquoi, en les changeant, nous pouvons changer celles-ci.

Quelle joie lorsque j'ai découvert pour la première fois les termes de *causalité métaphysique* ! Ils décrivent le pouvoir des paroles et des pensées pour créer les expériences. Cette prise de conscience me fit comprendre la relation entre les pensées, d'une part, et les différentes parties du corps et les problèmes physiques, d'autre part.

Je compris comment j'avais inconsciemment créé ma maladie et cela changea beaucoup de choses pour moi. Je cessai de blâmer la vie et les autres gens pour ce qui n'allait pas dans ma propre vie et dans mon corps. Je pus alors prendre la pleine responsabilité de ma santé. Sans me faire de reproches ni me sentir coupable, je commençais à voir comment éviter de créer des schémas de pensée de maladie dans l'avenir.

Par exemple, je ne m'expliquais pas mes torticolis à répétition. Puis je découvris que le cou représentait la capacité à être souple par rapport aux problèmes, à les voir sous différents aspects. J'avais été très inflexible, refusant souvent d'écouter, par peur, un autre avis sur une question. Lorsque je devins plus souple dans mes pensées et capable, avec une compréhension aimante, d'accepter le point de vue d'une autre personne, mon cou cessa de m'ennuyer. Maintenant, si je sens la moindre raideur, je cherche en quoi ma pensée est figée et raidie.

REMPLACER LES VIEUX SCHEMAS

Afin d'éliminer définitivement un problème, nous devons d'abord travailler à en dissoudre la cause mentale. Mais le plus souvent, comme nous ne connaissons pas cette cause, nous ne savons pas par où commencer. Ainsi, si vous dites : « Si seulement je connaissais la raison de cette souffrance », j'espère que ce livre vous fournira un fil directeur pour trouver les causes et un guide utile pour élaborer de nouveaux schémas de pensée qui vous procureront la santé au niveau du mental et du physique.

J'ai appris que si nous avons un problème, c'est que nous avons BESOIN DE LUI. Sinon, nous ne l'aurions pas. Le symptôme n'est qu'un effet extérieur. Nous devons aller à l'intérieur pour dissoudre la cause mentale. Voilà pourquoi Volonté et Discipline ne marchent pas. Elles ne s'attaquent qu'à l'effet extérieur, comme si l'on coupait les mauvaises herbes au lieu de les arracher. Donc, avant de commencer les affirmations du Nouveau Schéma de Pensée, travaillez sur la VOLONTE D'ABANDONNER LE BESOIN de cigarettes, de migraine, d'excès de poids ou de toute autre chose. Quand il n'y a plus de besoin, l'effet extérieur doit disparaître. Aucune plante ne peut vivre une fois que ses racines ont été arrachées.

Les schémas de pensée qui causent la plupart des maladies sont la CRITIQUE, la COLERE, le RESSENTIMENT et la CULPABILITE. Par exemple, la tendance à critiquer conduit souvent avec le temps à des maladies telles que l'arthrite. La colère se transforme en choses qui bouillonnent, brûlent et infectent l'organisme. Le ressentiment longtemps retenu s'envenime, dévore l'organisme et peut aboutir à des tumeurs et au cancer. La culpabilité recherche toujours la punition et conduit à la douleur. Il est beaucoup plus facile d'abandonner ces schémas de pensée négatifs lorsque nous sommes en bonne santé que de tenter de les arracher quand nous sommes affolés et sous la menace du bistouri.

La liste suivante d'équivalents mentaux a été établie, après de nombreuses années d'étude, à partir de mon travail avec des clients et de mes conférences et séminaires. Elle est utile en tant que guide de référence rapide indiquant les schémas mentaux probables qui se cachent derrière votre maladie. Je vous les offre avec amour et avec le désir de partager cette méthode simple pour vous aider à guérir votre corps.

AFFIRMATIONS

DE

GUERISON

Problèmes	Causes probables
ABCÈS	Pensées qui fermentent à propos de blessures, d'affronts, de vengeance. ⇨
ACCIDENTS	Incapacité à parler pour soi. Rébellion contre l'autorité. Croyance en la violence. ⇨
ACNÉ	Non-acceptation de soi-même. Aversion envers soi-même. ⇨
ADDISON (maladie d') voir Surrénales	Manque émotionnel profond. Colère contre soi-même. ⇨
ALCOOLISME	« A quoi bon ? » Sentiment d'inutilité, de culpabilité et d'inaptitude. Rejet de soi. ⇨
ALLERGIES	A qui suis-je allergique ? Négation de sa propre puissance. ⇨
ALZHEIMER (maladie d') voir Démence, Sénilité	Refus d'avoir affaire au monde tel qu'il est. Désespoir et impuissance. Colère. ⇨
AMÉNORRHÉE voir Féminins, Règles	Refus d'être une femme. Rejet de soi-même. ⇨
AMNÉSIE	Peur. Fuite de la vie. Incapacité à prendre fait et cause pour soi-même. ⇨
AMPOULES	Résistance. Manque de protection émotionnelle. ⇨
AMYGDALITE voir Angine, Enrouement	Peur. Emotions refoulées. Créativité étouffée. ⇨

Nouveaux schémas de pensée

Je laisse mes pensées libres.
Le passé est le passé. Je suis en paix.

Je me libère du schéma mental qui a créé cette situation.
Je suis en paix. Je suis valable.

Je suis une expression divine de la vie.
Je m'aime et m'accepte tel que je suis.

Je prends soin avec amour de mon corps,
de mon esprit et de mes émotions.

Je vis au présent. Chaque moment est nouveau.
Je choisis de m'estimer. Je m'aime et m'approuve.

Le monde est sûr et bienveillant. Je suis en sécurité.
Je suis en paix avec la vie.

Il y a toujours une manière nouvelle et meilleure pour moi d'expérimenter la vie. Je pardonne et abandonne le passé.
Je vais vers la joie.

Je me réjouis d'être qui je suis. Je suis une merveilleuse expression de la vie, qui coule parfaitement et sans cesse.

Intelligence, courage et estime de soi œuvrent constamment dans ma vie. Vivre est sans danger.

Je suis en douceur le cours de la vie et de chaque nouvelle expérience. Tout est bien.

Le bien circule librement en moi.
Les idées divines s'expriment à travers moi. Je suis en paix.

Problèmes	Causes probables
ANÉMIE	Vie basée sur des « oui, mais... ». Manque de joie. Peur de la vie. Sentiment de ne pas être assez bien. ⇨
ANÉMIE A HÉMATIES FALCIFORMES	Conviction de ne pas être assez bien, qui détruit la vraie joie de vivre. ⇨
ANGINE voir Amygdalite, Enrouement, Gorge	Forte croyance que l'on ne peut parler pour soi ni demander ce dont on a besoin. ⇨
ANOREXIE voir Appétit	Négation de la vie pour soi-même. Peur extrême, haine et rejet de soi-même. ⇨
ANTHRAX	Colère venimeuse à propos d'injustices personnelles. ⇨
ANUS	Point de relâchement. Lieu de décharge. ⇨
Abcès anal	Colère liée à ce qu'on ne veut pas lâcher. ⇨
Prurit anal	Culpabilité quant à son passé. Remords. ⇨
Douleur anale	Culpabilité. Désir de châtiment. Sentiment de ne pas être assez bien. ⇨
Fistule anale	Tous les déchets ne sont pas éliminés. Rétention des déchets du passé. ⇨
ANXIÉTÉ	Défiance envers le cours et le processus de la vie. ⇨

Nouveaux schémas de pensée

En sécurité, j'exprime la joie dans chaque domaine de ma vie.
J'aime la vie.

Cet enfant vit et respire la joie de vivre, il est nourri d'amour.
Dieu fait des miracles chaque jour.

Il est légitime que mes besoins soient satisfaits.
Dorénavant, je demande ce que je veux avec amour et simplicité.

Etre moi-même est sans danger. Je suis merveilleux tel que je suis.
Je choisis de vivre. Je choisis la joie et l'acceptation de moi-même.

Je me libère du passé et laisse le temps guérir
chaque domaine de ma vie.

J'abandonne facilement et sans peine
ce dont je n'ai plus besoin dans ma vie.

Lâcher prise est sans danger.
C'est seulement ce dont je n'ai plus besoin qui sort de mon corps.

Je me pardonne avec amour. Je suis libre.

Le passé est dépassé.
Je choisis de m'aimer et de m'approuver dans le présent.

Avec amour je me libère totalement du passé.
Je suis libre. Je suis amour.

Je m'aime, je m'approuve et je fais confiance
au processus de la vie. Je suis en sécurité.

Problèmes	Causes probables
APATHIE	Résistance, refus de sentir. Insensibilisation de soi-même. Peur. ⇨
APOPLEXIE	Abandon, défaite. Résistance au changement : « Plutôt mourir ! ». Rejet de la vie. ⇨
APPENDICITE	Peur. Peur de la vie. Obstruction au courant de la vie. ⇨
APPÉTIT Excès, voir Boulimie	Peur. Besoin de protection. Jugement de ses émotions. ⇨
Perte, voir Anorexie	Peur. Protection de soi. Défiance envers la vie. ⇨
ARTÈRES	Transportent la joie de vivre. ⇨
ARTÉRIOSCLÉROSE	Résistance, tension. Esprit étroit et endurci. Refus de voir ce qui est bon. ⇨
ARTHRITE voir Articulations	Sentiment de ne pas être aimé. Esprit critique, ressentiment, amertume. ⇨
Arthrite des doigts	Envie de se punir. Réprobation. Sentiment d'être victime. ⇨
Arthrite rhumatoïde	Profonde critique envers l'autorité. Sentiment d'avoir toujours quelqu'un sur le dos, d'être opprimé. ⇨
ARTICULATIONS voir Arthrite, Chevilles, Coudes, Genoux, Epaules	Représentent les changements de direction dans la vie et leur facilité. ⇨

Nouveaux schémas de pensée

Sentir est sans danger. Je m'ouvre à la vie.
Je désire expérimenter la vie.

La vie est changement et je m'adapte facilement à ce qui est nouveau. J'accepte la vie, passé, présent et avenir.

Je suis en sécurité.
Je me détends et laisse la vie s'écouler joyeusement.

Je suis en sécurité. Sentir est sans danger. Mes sentiments sont normaux et je peux les accepter.

Je m'aime et m'approuve. Je suis en sécurité.
La vie est sûre et joyeuse.

Je rayonne de joie.
La joie se répand en moi à chaque battement de mon cœur.

Je m'ouvre complètement à la vie et à la joie.
Je choisis de vivre l'amour.

Je suis amour. Je choisis maintenant de m'aimer et de m'approuver. Je vois les autres avec amour.

Je vois avec amour et compréhension.
J'élève toutes mes expériences à la lumière de l'amour.

Je suis ma propre autorité. Je m'aime et m'approuve.
La vie est bonne.

Je suis facilement le cours du changement. Ma vie est guidée par le Divin et je prends toujours la meilleure direction.

Problèmes	Causes probables
ASPHYXIE voir Hyperventilation Respiration	Peur. Défiance envers le processus de la vie. Tendance à rester coincé dans l'enfance. ⇨
ASTHME	Amour étouffant. Incapacité à respirer pour soi-même. Sentiment d'être étouffé. Pleurs refoulés. ⇨
chez les bébés et les enfants	Peur de la vie Désir de ne pas être là. ⇨
ATTAQUE	Fuite de la famille, de soi-même ou de la vie. ⇨
BÉGAIEMENT	Insécurité. Manque d'expression de soi. Interdiction de pleurer. ⇨
BLESSURES voir Accidents, Coupures	Colère contre soi-même. Sentiment de culpabilité. ⇨
BLEUS	Les petites bousculades de la vie. Autopunition. ⇨
BOUCHE	Représente l'ouverture à de nouvelles idées et nourritures. ⇨
Problèmes de bouche	Opinions figées. Etroitesse d'esprit. Incapacité d'intégrer les idées nouvelles. ⇨
BOULIMIE	Terreur et désespoir. Accumulation et purge frénétiques de haine de soi-même. ⇨
BOURDONNEMENTS D'OREILLES	Refus d'écouter. Surdité à la voix intérieure. Entêtement. ⇨

Nouveaux schémas de pensée

Devenir adulte est sans danger.
Le monde est sans danger et je suis en sécurité.

Il est sans danger pour moi maintenant
de prendre la responsabilité de ma vie.
Je choisis d'être libre.

Cet enfant est en sécurité et aimé.
Cet enfant est bienvenu et chéri.

Je suis chez moi dans l'univers.
Je suis en sécurité, protégé et compris.

Je suis libre de parler pour moi. Maintenant je suis en sécurité quand je m'exprime. Je communique toujours avec amour.

Je libère maintenant ma colère de manière positive.
Je me pardonne. Je m'aime et m'apprécie.

Je m'aime et me chéris. Je suis doux et gentil avec moi-même.
Tout est bien.

Je me nourris avec amour.

Je suis ouvert aux idées et concepts nouveaux et fais le nécessaire pour les intégrer et les assimiler.

Je suis aimé, nourri et soutenu par la vie elle-même.
Etre en vie est sans danger.

Je me fie au meilleur de moi-même. J'écoute avec amour ma voix intérieure. J'abandonne tout ce qui n'est pas action d'amour.

Problèmes	Causes probables
BOUTONS DE FIÈVRE	Paroles de colère qui fermentent et crainte de les exprimer. ⇨
BRAS	Représentent la capacité d'accueillir les expériences de la vie. ⇨
BRIGHT (mal de) voir Néphrite	Sentiment d'être un enfant qui ne peut pas bien faire et qui n'est pas assez bien. Echec, perte. ⇨
BRONCHITE	Milieu familial enflammé. Disputes et cris. Parfois silence. ⇨
BRULURES	Colère. Impression de brûler. Attitude insensée. ⇨
CALCULS BILIAIRES	Amertume. Pensées dures. Réprobation. Orgueil. ⇨
CALLOSITÉS	Concepts et idées rigides. Peur cristallisée. ⇨
CALVITIE	Peur. Tension. Tentative de tout contrôler. Défiance envers le processus de la vic. ⇨
CANCER	Profonde blessure. Ressentiment ancien. Profond chagrin secret rongeant l'intérieur. Haines anciennes. « A quoi bon ? » ⇨
CARPE	voir Tunnel carpien
CATARACTE	voir Yeux
CELLULITE	Colère accumulée et autopunition. ⇨
CERVEAU	Représente l'ordinateur, le standard téléphonique. ⇨

Nouveaux schémas de pensée

Je crée toujours des expériences paisibles car je m'aime. Tout est bien.

Mes expériences, je les accueille dans mes bras avec amour, aisance et joie.

Je m'aime et m'approuve. Je prends soin de moi. A chaque instant, je suis tout à fait à la hauteur.

Je déclare la paix et l'harmonie en moi et autour de moi. Tout est bien.

Je crée uniquement la paix et l'harmonie en moi et autour de moi. Tout est bien.

Je vis une joyeuse libération du passé. La vie est douce, moi aussi.

Il est sans danger de voir et d'expérimenter de nouvelles idées et de nouveaux chemins. Je suis ouvert et réceptif à ce qui est bon.

Je suis en sécurité. Je m'aime et m'approuve. J'ai confiance en la vie.

Avec amour je pardonne et me dégage du passé. Je choisis de remplir de joie mon univers. Je m'aime et m'approuve.

Je pardonne aux autres. Je me pardonne. Je suis libre d'aimer et d'apprécier la vie.

Je suis l'animateur aimant de mon esprit.

Problèmes	Causes probables
Accident cérébro-vasculaire	voir Apoplexie, Attaque
Paralysie cérébrale	Besoin d'unir la famille dans une action d'amour. ⇨
Tumeur du cerveau	Croyances incorrectes enregistrées dans l'ordinateur. Entêtement, refus de changer les vieux schémas de pensée. ⇨
CHAMPIGNONS	voir Mycose
CHEVEUX GRIS	Stress. Croyance dans les pressions et les difficultés. ⇨
Perte de cheveux	voir Calvitie
CHEVILLES	Représentent la capacité à recevoir du plaisir.
Problèmes de chevilles	Inflexibilité et remords. ⇨
CHOLESTÉROL (artériosclérose)	Obstruction des canaux de la joie. Peur d'accepter la joie. ⇨
CIRCULATION voir Sang	Représente la capacité à ressentir et à exprimer les émotions d'une manière positive. ⇨
CŒUR voir Sang	Représente le centre de l'amour et de la sécurité. ⇨
Attaque	voir Infarctus, Thrombose
Problèmes cardiaques	Problèmes émotionnels anciens. Manque de joie. Cœur endurci. Croyance dans l'effort pénible et le stress. ⇨
COLIQUE	Irritation mentale, impatience, agacement dans l'entourage. ⇨

Nouveaux schémas de pensée

*Je contribue à une vie de famille unie, aimante et paisible.
Tout est bien.*

*Il est facile pour moi de reprogrammer l'ordinateur de mon esprit.
Tout dans la vie est changement et mon esprit est toujours neuf.*

*Je suis en paix et à l'aise dans chaque domaine de ma vie.
Je suis fort et capable.*

*Je mérite de me réjouir.
J'accepte tout le plaisir que la vie peut m'offrir.*

*Je choisis d'aimer la vie. Les canaux de la joie sont grands ouverts.
Recevoir est sans danger.*

Je suis libre de faire circuler l'amour et la joie dans tous les domaines de mon univers. J'aime la vie.

Mon cœur bat au rythme de l'amour.

Joie, joie, joie. Je laisse avec amour la joie inonder mon esprit, mon corps et mes expériences.

Cet enfant répond seulement à l'amour et aux pensées d'amour. Tout est calme, paisible.

Problèmes	Causes probables
COLITE voir Côlon, Intestin	Insécurité. Représente l'aisance à abandonner ce qui est terminé. ⇨
Colite spasmodique	Peur de laisser aller. Insécurité. ⇨
CÔLON voir Intestin	Représente l'assimilation, l'absorption, l'élimination avec aisance. ⇨
Mucosités du côlon	Des couches de pensées anciennes et confuses obstruent le canal d'élimination et croupissent dans le bourbier gluant du passé. ⇨
COLONNE VERTÉBRALE Déviations de la colonne voir p. 96	Support flexible de la vie. Incapacité à se laisser soutenir par la vie. Peur, tentative de se raccrocher aux vieilles idées. Défiance envers la vie. Manque d'intégrité. Ne pas avoir le courage de ses opinions. ⇨
COMA	Peur. Fuite devant quelque chose ou quelqu'un. ⇨
CONGÉNITAL	voir Infirmités congénitales
CONGESTION	voir Bronchite, Grippe, Rhume
CONJONCTIVITE voir Yeux	Colère et frustration envers ce que l'on voit dans la vie. ⇨
Conjonctivite aiguë	Colère et frustration. Refus de voir. ⇨
CONSTIPATION	Refus de se défaire des vieilles idées. Blocage dans le passé. Parfois mesquinerie. ⇨
CONTUSIONS	voir Bleus

Nouveaux schémas de pensée

Je participe au rythme et au flux parfaits de la vie.
Tout est dans le juste ordre divin.

Vivre est sans danger. La vie me donnera toujours
ce dont j'ai besoin. Tout est bien.

J'assimile et absorbe facilement tout ce que j'ai besoin de savoir.
J'abandonne le passé avec joie.

Je me libère et dissous le passé. J'ai les idées claires.
Je vis au présent, dans la paix et la joie.

Je me libère de toutes mes craintes. Dorénavant, je fais confiance au processus de la vie. Je sais que la vie est en ma faveur.
Je me tiens droit et grand, avec amour.

Nous t'entourons d'amour et de sécurité.
Nous créons pour toi un espace où guérir. Tu es aimé.

Je vois avec les yeux de l'amour.
Il y a une solution harmonieuse et je l'accepte maintenant.

Je me libère du besoin d'avoir raison. Je suis en paix.
Je m'aime et m'approuve.

Tout en me libérant du passé, je laisse entrer ce qui est nouveau, frais et vital. Je laisse la vie couler à travers moi.

Problèmes	Causes probables
COR AUX PIEDS	voir Pieds
CÔTÉS DU CORPS	
Côté droit	Représente l'émission, le relâchement, l'énergie masculine, les hommes, le père. ⇨
Côté gauche	Représente la réceptivité, le fait de prendre, l'énergie féminine, les femmes, la mère. ⇨
COU	Représente la flexibilité, la capacité de voir ce qui se passe derrière. ⇨
Problèmes de cou	voir p. 96
Nuque raide	Refus de voir les différents aspects d'une question. Entêtement, inflexibilité. ⇨
COUDES voir Articulations	Représentent la capacité de changer de direction, d'accepter de nouvelles expériences. ⇨
COUPURES voir Accidents, Blessures	Punition pour ne pas avoir suivi ses propres règles. ⇨
CRAMPES	Tensions. Peur. Tendance à s'agripper et à se cramponner. ⇨
Crampes abdominales	Peur. Blocage du processus de la vie. ⇨
CROUP	voir Bronchite, Laryngite
CUSHING (maladie de) voir Surrénales	Déséquilibre mental. Surproduction d'idées écrasantes. Sentiment d'être dépassé. ⇨
CYSTITE	voir Vessie
DÉMANGEAISONS	Désirs contrariés. Insatisfaction, remords. « Cela me démange de fuir. » ⇨
DÉMENCE voir Alzheimer, Sénilité	Refus d'accepter le monde tel qu'il est. Impuissance, colère. ⇨
DENTS	Représentent les décisions.

Nouveaux schémas de pensée

J'équilibre mon énergie masculine avec aisance et sans effort.

Mon énergie féminine est merveilleusement équilibrée.

Je suis en paix avec la vie.

J'envisage avec souplesse et aisance tous les aspects d'une question.
Il existe une infinité de façons de faire et de voir les choses.
Je suis en sécurité.

Je suis facilement les nouvelles expériences et directions
et j'accepte les changements.

Je crée une vie pleine de récompenses.

Je me détends et laisse mon esprit en paix.

Je fais confiance au processus de la vie. Je suis en sécurité.

J'équilibre avec amour mon esprit et mon corps. Maintenant
je choisis d'orienter mes pensées vers ce qui me met à l'aise.

Je suis en paix exactement là où je suis. J'accepte le positif,
en sachant que tous mes besoins et désirs seront comblés.

Je suis exactement là où je dois être.
Je suis toujours en sécurité.

Problèmes	Causes probables
Problèmes dentaires	Indécision prolongée. Incapacité à analyser des idées et prendre des décisions. ⇨
Problèmes de racine	Incapacité à mordre dans quoi que ce soit. Croyances fondamentales détruites. ⇨
Dent de sagesse incluse	Refus de s'accorder l'espace mental pour créer une base solide. ⇨
DÉPRESSION	Colère parce qu'on a l'impression de ne pas avoir le droit d'avoir. Désespoir. ⇨
DIABÈTE	Regret de ce qui aurait pu être. Grand besoin de contrôler. Profonde tristesse. Il ne reste plus de douceur. ⇨
DIARRHÉE	Peur. Rejet. Fuite. ⇨
DOIGTS	Représentent les détails de la vie. ⇨
Pouce	Représente l'intellect et les soucis. ⇨
Index	Représente l'ego et la peur. ⇨
Majeur	Représente la colère et la sexualité. ⇨
Annulaire	Représente les unions et le chagrin. ⇨
Auriculaire	Représente la famille et la prétention. ⇨
DOS	Représente le soutien de la vie. ⇨
Problèmes de dos	voir p. 96
haut du dos	Manque de soutien émotionnel. Sentiment de ne pas être aimé. Refoulement de l'amour. ⇨

Nouveaux schémas de pensée

Je fonde mes décisions sur les principes de vérité et me repose sur la certitude qu'il n'y a que des actions justes dans ma vie.

Je crée des fondations solides pour moi-même et pour ma vie.
Je choisis des croyances qui me soutiennent joyeusement.

J'ouvre ma conscience à l'expansion de la vie.
Il y a un vaste espace à ma disposition pour grandir et changer.

Je dépasse maintenant les peurs et les limitations des autres gens.
Je crée ma vie.

Ce moment est plein de joie.
Dorénavant, je choisis de ressentir la douceur de chaque jour.

J'absorbe, j'assimile et j'élimine parfaitement.
Je suis en paix avec la vie.

Je suis en paix avec les détails de la vie.

Mon esprit est en paix.

Je suis en sécurité.

Je suis à l'aise avec ma sexualité.

J'aime avec sérénité.

Je fais moi-même partie de la famille de la vie.
Je sais que la vie me soutient toujours.

Je m'aime et m'approuve. La vie me soutient et m'aime.

Problèmes	Causes probables
milieu du dos	Culpabilité. Blocage dans un passé traîné comme un boulet. « Cessez d'être toujours sur mon dos ! » ⇨
bas du dos	Peur de l'argent. Manque de soutien financier. ⇨
DOULEUR	Culpabilité. La culpabilité recherche toujours la punition. ⇨
DYSENTERIE	Peur et colère intense. ⇨
amibienne	Impression de se faire avoir. ⇨
microbienne	Oppression et désespoir. ⇨
DYSMÉNORRHÉE voir Féminins (problèmes), Règles	Colère contre soi-même. Haine du corps ou des femmes. ⇨
ECCHYMOSES	voir Bleus
ECZÉMA voir Peau	Antagonisme furieux. Eruptions mentales. ⇨
ÉGRATIGNURES	voir Griffures
EMPHYSÈME	Peur d'inhaler la vie. Sentiment de ne pas mériter de vivre. ⇨
ENDOMÉTRIOSE	Insécurité, déception et frustration. Tendance à remplacer l'amour de soi-même par des sucreries. Blâmes. ⇨
ENFLURES	voir Œdème, Rétention d'eau
BOURSOUFLURES	Façon de penser figée. Idées douloureuses bloquées. ⇨
ENGOURDISSEMENT	Rétention de l'amour et de la considération.

Nouveaux schémas de pensée

Je me libère du passé. Je suis libre d'aller de l'avant avec l'amour dans mon cœur.

Je fais confiance au processus de la vie. Tous mes besoins sont pris en charge. Je suis en sécurité.

Je me libère joyeusement du passé. Les autres sont libres tout comme je le suis. A présent, tout va bien dans mon cœur.

Je crée la paix dans mon esprit et mon corps la reflète.

Je suis le pouvoir et l'autorité dans mon univers. Je suis en paix.

Je suis rempli de vie, d'énergie et de joie de vivre.

J'aime mon corps. Je m'aime. J'aime tous mes cycles. Tout est bien.

L'harmonie, la paix, l'amour, la joie m'entourent et habitent en moi. Je suis protégé et en sécurité.

C'est mon droit légitime de vivre pleinement et librement. J'aime la vie. Je m'aime.

Je suis à la fois puissante et désirable. C'est merveilleux d'être une femme. Je m'aime et je suis comblée.

Mes pensées circulent librement et facilement. Je côtoie les idées avec aisance.

Problèmes	Causes probables
Paresthésie	Processus de mort mentale. ⇨
ENROUEMENT voir Amygdalite, Angine	Rétention de paroles de colère. Impression d'être incapable de s'exprimer. ⇨
ENTORSES	Colère et résistance. Refus de prendre une certaine direction dans la vie. ⇨
ÉNURÉSIE	voir « Pipi au lit »
ÉPAULES voir Articulations	Représentent notre capacité à porter avec joie nos expériences de vie, alors que, par notre attitude, nous faisons de la vie un fardeau. ⇨
Epaules voûtées	Impression de porter les fardeaux de la vie sans aide ni espoir. ⇨
ÉPILEPSIE	Sentiment de persécution. Rejet de la vie. Impression de lutter de toutes ses forces. Violence retournée contre soi-même. ⇨
EPSTEIN-BARR (virus d')	Tendance à se pousser au-delà de ses limites. Peur de ne pas être assez bien. Epuisement de tout le soutien intérieur. Virus du stress. ⇨
ÉQUILIBRE (perte d')	Façon de penser éparpillée. Manque de centrage. ⇨
ÉRUPTION voir Urticaire, Peau	Irritation contre des retards. Manière infantile d'attirer l'attention. ⇨
ESTOMAC	Contient la nourriture, digère les idées. ⇨
Problèmes d'estomac	Terreur. Peur de la nouveauté et incapacité à l'assimiler. ⇨

Nouveaux schémas de pensée

Je partage mes sentiments et mon amour.
Je réponds à l'amour de chacun.

J'abandonne toutes les restrictions
et je suis libre d'être moi-même.

Je suis certain que le processus de la vie me conduit
vers mon plus grand bien. Je suis en paix.

Je choisis de faire mes expériences dans la joie et l'amour.

Je me tiens droit, grand et libre. Je m'aime et m'approuve.
Ma vie s'améliore de jour en jour.

Je choisis de voir la vie dans son éternité et sa joie.
Je suis moi-même éternité, paix et joie.

Je me détends et reconnais ma propre valeur.
Je suis suffisamment bien. La vie est facile et joyeuse.

Je me centre dans la sécurité et accepte la perfection de ma vie.
Tout est bien.

Je m'aime et m'approuve.
Je suis en paix avec le processus de la vie.

Je digère la vie avec aisance.

La vie est en accord avec moi. J'assimile à tout instant
la nouveauté de chaque jour. Tout est bien.

Problèmes	Causes probables
Brûlures d'estomac voir Ulcères	Peur. Peur. Peur. Peur qui se cramponne. ⇨
ÉVANOUISSEMENT	Peur. Incapacité à faire face. Disparition. ⇨
EXCROISSANCE	Blessures entretenues et ressentiment cultivé. ⇨
FAIBLESSE	Besoin de repos mental. ⇨
FATIGUE	Résistance, ennui. Manque d'amour pour ce que l'on fait. ⇨
FAUSSE-COUCHE (spontanée, par avortement)	Crainte. Peur du futur. « Pas maintenant - plus tard. » Moment inapproprié. ⇨
FÉMININS (problèmes) voir Aménorrhée, Règles, Vaginite, Frigidité, Leucorrhée, Ménopause	Reniement de soi. Rejet de la féminité et du principe féminin. ⇨
FESSES Fesses molles	Représentent le pouvoir. Perte de pouvoir. ⇨
FIBROMES ET KYSTES FÉMININS voir Féminins (problèmes)	Entretien d'une blessure occasionnée par un partenaire. Coup à l'ego féminin. ⇨
FIBROSE KYSTIQUE	Conviction profonde de ne pas être aidé par la vie. « Pauvre de moi. » ⇨
FIÈVRE	Colère. Fait de brûler. ⇨
FISSURES DES COMMISURES LABIALES	Paroles retenues entre les dents, qui s'enveniment et suppurent. Réprobation. ⇨

Nouveaux schémas de pensée

Je respire librement et pleinement. Je suis en sécurité. Je fais confiance au processus de la vie.

J'ai le pouvoir, la force et la connaissance de diriger toute chose dans ma vie.

Je pardonne facilement. Je m'aime et me fais des éloges.

J'accorde à mon esprit de joyeuses vacances.

La vie me remplit d'enthousiasme et d'énergie.

L'action divine juste a toujours sa place dans ma vie. Je m'aime et m'approuve entièrement. Tout va bien.

Je me réjouis de ma féminité.
J'adore être une femme.
J'aime mon corps.

J'utilise mon pouvoir avec sagesse. Je suis fort. Je suis en sécurité. Tout est bien.

J'abandonne le schéma qui a provoqué cette expérience. Je crée uniquement du bien dans ma vie.

La vie m'aime et j'aime la vie. Je choisis maintenant de laisser entrer la vie pleinement et librement.

Je suis l'expression calme et détendue de l'amour et de la paix.

Je crée uniquement des expériences joyeuses dans mon univers d'amour.

Problèmes	Causes probables
FISTULE	Peur. Blocage. Refus de se laisser aller. ⇨
FLATULENCES	voir Gaz
FOIE	Siège de la colère et des émotions primitives. ⇨
Problèmes hépatiques	Plaintes chroniques. Tendance à justifier son sentiment de culpabilité pour se tromper soi-même. Sentiment de malaise. ⇨
FOLIE	Fuite de la famille. Evasion, repli sur soi. Coupure violente avec la vie. ⇨
FOULURES	voir Entorses
FRACTURE	voir Os
FRIGIDITÉ voir Féminins (problèmes)	Peur. Négation du plaisir. Croyance dans le fait qu'il est mal d'avoir des rapports sexuels. Partenaires insensibles. Peur du père. ⇨
FROID (coup de)	Contraction mentale, besoin de s'échapper et de se contracter. Désir de se retirer. « Laissez-moi seul ! » ⇨
FURONCLES voir Anthrax	Colère qui bout ct déborde. Bouillonnement. ⇨
GALE	Pensées viciées. Passivité face aux autres qui vous énervent. ⇨
GANGRÈNE	Morbidité mentale. Etouffement de la joie par des pensées toxiques. ⇨
GASTRITE voir Estomac	Incertitude prolongée. Sentiment que c'est la fin du monde. ⇨

Nouveaux schémas de pensée

Je suis en sécurité. Je fais pleinement confiance au processus de la vie. La vie est en ma faveur.

Tout ce que je connais est amour, paix et joie.

Je choisis de vivre en occupant l'espace ouvert de mon cœur. Je cherche l'amour et le trouve partout.

Cet esprit connaît sa véritable identité ; il est un centre créatif de la divine Expression de Soi.

Tirer plaisir de mon corps est sans danger. Je me réjouis d'être une femme.

Je suis en sécurité à chaque instant. L'amour m'entoure et me protège. Tout est bien.

J'exprime l'amour et la joie, et je suis en paix.

Je suis l'expression vivante, aimante et joyeuse de la vie. Je suis moi-même.

Maintenant je choisis des pensées harmonieuses et laisse la joie se répandre librement en moi.

Je m'aime et m'approuve. Je suis en sécurité.

Problèmes	Causes probables
GAZ (douleurs par les)	Tendance à s'agripper. Peur. Idées non digérées. ⇨
GENCIVES (problèmes de)	Incapacité de maintenir ses décisions. Flou dans la vie. ⇨
Gingivite aiguë	voir Pyorrhée
GÉNITAUX (organes)	Représentent les principes masculin et féminin. ⇨
Problèmes génitaux	Souci de n'être pas assez bien. ⇨
GENOUX	Représentent l'orgueil et l'ego. ⇨
Problèmes aux genoux	Entêtement et orgueil. Inflexibilité. Raideur. Peur. Refus de renoncer à ses positions. ⇨
GLANDES	Représentent la mise en arrêt et l'autodémarrage de l'activité. ⇨
Problèmes glandulaires	Les idées ont du mal à se mettre en route et à se diffuser. Tendance à se retenir. ⇨
Glande pituitaire	Représente le centre de contrôle. ⇨
GOITRE voir Thyroïde	Haine suite à ce qu'on a subi. Sentiment d'être victime. Impression que sa vie est contrariée. Inaccomplissement. ⇨
GONORRHÉE voir Vénériennes (maladies)	Besoin de se punir parce qu'on a l'impression d'être mauvais. ⇨
GORGE	Avenue de l'expression. Canal de la créativité. ⇨

Nouveaux schémas de pensée

Je me détends et laisse la vie se répandre librement en moi.

Je suis une personne de décision.
Je poursuis ce que j'entreprends et me soutiens avec amour.

Il est sans danger pour moi d'être qui je suis.

Je me réjouis de ma propre expression de la vie. Je suis parfait exactement tel que je suis. Je m'aime et m'approuve.

Je suis flexible et mobile.

Pardon. Compréhension. Compassion.
Je suis souple et mobile. Tout est bien.

Je suis le pouvoir créatif dans mon univers.

J'ai toutes les idées et l'activité divines dont j'ai besoin.
Maintenant, j'avance.

Mon esprit et mon corps sont en parfait équilibre.
Je contrôle mes pensées.

Je suis le pouvoir et l'autorité dans ma vie.
Je suis libre d'être moi-même.

J'aime mon corps. J'aime ma sexualité.
Je m'aime.

J'ouvre mon cœur et chante les joies de l'amour.

Problèmes	Causes probables
Problèmes de gorge voir Enrouement	Incapacité de parler pour soi. Colère ravalée. Créativité étouffée. Refus de changer. ⇨
Gorge nouée	Peur. Défiance envers le processus de la vie. ⇨
GOUTTE	Besoin de domination. Impatience, colère. ⇨
GRAISSE	voir Poids
Bras	Colère de se voir refuser l'amour. ⇨
Ventre	Colère de se voir refuser la nourriture. ⇨
Hanches	Amas de colère tenace envers les parents. ⇨
Cuisses	Amas de colère datant de l'enfance. Souvent rage contre le père. ⇨
GRIFFURES	Impression que la vie nous lacère, qu'elle est une déchirure, qu'on est déchiré. ⇨
GRIPPE voir Respiration	Réaction à des croyances et des ondes négatives de groupe. Peur. Croyance dans les statistiques. ⇨
HALEINE (mauvaise)	Colère et pensées de vengeance. Expériences cuisantes. ⇨
HANCHES	Portent le corps en équilibre parfait. Propulsion majeure vers l'avant. ⇨
Problèmes de hanches	Peur d'aller de l'avant dans les décisions importantes. Rien vers quoi avancer. ⇨

Nouveaux schémas de pensée

Je peux faire du bruit. Je m'exprime joyeusement et librement. Je parle pour moi avec aisance. J'exprime ma créativité. Je consens à changer.

Je suis en sécurité. J'ai confiance : la vie est en ma faveur.
Je m'exprime librement et joyeusement.

Je suis en sécurité.
Je suis en paix avec moi-même et avec les autres.

Il est sans danger pour moi de créer tout l'amour que je veux.

Je me nourris de nourriture spirituelle. Je suis satisfait et libre.

Je veux pardonner le passé.
Dépasser les limitations de mes parents est sans danger.

Je vois mon père comme un enfant privé d'amour
et lui pardonne aisément. Nous sommes tous deux libres.

Je suis reconnaissant pour la générosité de la vie envers moi.
Je suis béni.

Je dépasse les croyances de groupe et les superstitions du calendrier.
Je suis libéré de toute congestion et influence.

Je me libère du passé avec amour.
Je choisis de ne parler qu'avec amour.

Hourrah ! Chaque jour a ses joies.
Je suis équilibré et libre.

Je suis en parfait équilibre.
J'avance et franchis avec aisance et joie chaque âge de la vie.

Problèmes	Causes probables
HÉMORROIDES voir Anus	Peur des échéances. Restes de colère du passé. Peur de lâcher prise. Accablement. ⇨
HÉPATITE voir Foie	Résistance au changement. Peur, colère, haine. Le foie est le siège de la colère et de la rage. ⇨
HERNIE	Relations rompues. Efforts pénibles, fardeaux. Expression créative inappropriée. ⇨
Hernie discale	Sentiment de n'avoir aucun soutien dans la vie. Indécision. ⇨
HERPÈS Herpès génital voir Vénériennes (maladies)	Croyance collective en la culpabilité sexuelle et besoin de punition. Honte publique. ⇨ Croyance en un Dieu punitif. Rejet des organes génitaux.
Herpès labial voir Boutons de fièvre	Désir brûlant de mordre. Parolcs amères qui n'ont pas été prononcées. ⇨
HIRSUTISME	Colère masquée, la couverture étant en général la peur. Désir de blâmer. Il y a souvent une absence de désir de nourrir son être. ⇨
HODGKIN (maladie de)	Désapprobation et peur terrible de ne pas être assez bien. Course frénétique pour faire ses preuves et être accepté, à en perdre les forces de son propre sang et sa joie de vivre. ⇨
HUNTINGTON (maladie de)	Ressentiment parce qu'on n'est pas capable de changer les autres. Désespoir. ⇨

Nouveaux schémas de pensée

Je me dégage de tout ce qui ne ressemble pas à l'amour.
Il y a temps et place pour tout ce que je veux faire.

Mon esprit est purifié et libre.
Je quitte le passé et aborde la nouveauté. Tout est bien.

Mon esprit est plein de douceur et d'harmonie.
Je m'aime et m'approuve. Je suis libre d'être moi-même.

La vie soutient toutes mes pensées ; par conséquent,
je m'aime et m'approuve. Tout est bien.

Mon concept de Dieu me soutient.
Je suis normal et conforme à la nature.
Je me réjouis de ma sexualité et de mon corps.
Je suis merveilleux.

Je pense et prononce uniquement des paroles d'amour.
Je suis en paix avec la vie.

Je suis un parent aimant pour moi-même. Je suis couvert d'amour et d'approbation. Il est sans danger pour moi de montrer qui je suis.

Je suis parfaitement heureux d'être moi-même.
Je suis bien exactement tel que je suis. Je m'aime et m'approuve.
Je suis la joie lorsque je donne et je reçois.

Je remets tout contrôle à l'univers.
Je suis en paix avec moi-même et avec la vie.

Problèmes	Causes probables
HYGROMA (inflammation des testicules)	Colère réprimée. Désir de frapper quelqu'un. ⇨
HYPERACTIVITÉ	Peur. Sentiment d'être sous pression et agité. ⇨
HYPERGLYCÉMIE	voir Diabète
HYPERMÉTROPIE	voir Yeux
HYPERTENSION	voir Tension artérielle
HYPERTHYROIDIE voir Thyroïde	Rage d'être mis à l'écart. ⇨
HYPERVENTILATION voir Asphyxie, Respiration	Peur. Résistance au changement. Défiance envers le processus de la vie. ⇨
HYPOGLYCÉMIE	Sentiment d'être accablé par les fardeaux de la vie. « A quoi bon ? » ⇨
HYPOTHYROIDIE voir Thyroïde	Renoncement. Sentiment d'être désespérément étouffé. ⇨
ILÉITE (maladie de Crohn)	Peur. Souci. Sentiment de ne pas être assez bien. ⇨
IMPUISSANCE	Pression sexuelle, tension, culpabilité. Préjugés sociaux. Rancœur envers une ancienne partenaire. Peur de la mère. ⇨
INCONTINENCE	Débordement émotionnel. Contrôle des émotions s'exerçant depuis des années. ⇨
chez l'enfant	voir « Pipi au lit »
INDIGESTION	Peur au ventre, terreur et anxiété qui tordent les boyaux. ⇨
INFARCTUS voir Cœur	Fait de chasser toute joie hors du cœur au profit de l'argent, du statut social, etc. ⇨

Nouveaux schémas de pensée

L'amour détend et fait disparaître tout ce qui n'est pas lui-même.

Je suis en sécurité. Toutes les pressions se dissolvent.
Je suis suffisamment bien.

Je suis au centre de la vie.
Je m'approuve et approuve tout ce que je vois.

Je suis en sécurité partout dans l'univers.
Je m'aime et fais confiance au processus de la vie.

Dorénavant, je choisis de rendre ma vie lumineuse, facile et joyeuse.

Je me crée une nouvelle vie avec de nouvelles règles
qui me soutiennent totalement.

Je m'aime et m'approuve. J'agis au mieux de mes responsabilités.
Je suis merveilleux. Je suis en paix.

Maintenant je laisse agir le plein pouvoir de mon principe sexuel,
avec aisance et joie.

Je veux sentir. Exprimer mes émotions est sans danger.
Je m'aime.

Je digère, j'assimile paisiblement et avec joie
toute nouvelle expérience.

Je ramène la joie au centre de mon cœur.
J'exprime l'amour envers tout.

Problèmes	Causes probables
INFECTION	Irritation, colère, agacement. ⇨
Infection virale	Manque de joie dans la vie. Amertume. ⇨
INFIRMITÉS CONGÉNITALES	Destinée (karma). Vous avez choisi de venir ainsi. Nous choisissons nos parents et nos enfants. Affaire non réglée. ⇨
INFLAMMATION voir les affections se terminant en ...ite	Peur. Fait de voir rouge. Pensée enflammée. ⇨
INSOMNIE	Peur. Défiance envers le processus de la vie. Culpabilité. ⇨
INTESTIN	Représente l'élimination des déchets. ⇨
Problèmes intestinaux voir Colite, Côlon, Constipation	Peur d'éliminer ce qui est vieux et n'est plus nécessaire. ⇨
INTOXICATION ALIMENTAIRE	Perte de son pouvoir au profit des autres. Impression d'être sans défense. ⇨
« ITE » (maladies en ...ite) voir Inflammation	Colère et frustration à propos des conditions de sa vie, telles qu'on les perçoit. ⇨
JAMBES	Elles nous font avancer dans la vie. ⇨
Problèmes aux jambes partie supérieure	Fixation sur de vieux traumatismes de l'enfance. ⇨
partie inférieure	Peur de l'avenir. Refus de bouger. ⇨

Nouveaux schémas de pensée

Je choisis d'être en paix et en harmonie.

Avec amour, je laisse couler librement la joie dans ma vie.
Je m'aime.

Chaque expérience est parfaite à l'égard de ma croissance.
Je suis en paix tel que je suis.

Ma pensée est paisible, calme et centrée.

Je quitte avec amour cette journée et glisse dans un sommeil paisible, sachant que la journée de demain se réglera d'elle-même.

Laisser aller est facile.

Je me libère facilement des vieilleries et accueille avec joie ce qui est neuf.

J'ai la force, le pouvoir et la capacité de digérer tout ce qui se présente à moi.

Je consens à changer tous mes schémas de critique.
Je m'aime et m'approuve.

Vivre est bon pour moi.

Ceux qui m'ont élevé ont fait de leur mieux avec la compréhension, la conscience et la connaissance qu'ils avaient. Je les libère.

J'avance avec confiance et joie, sachant que tout ira bien dans mon avenir.

Problèmes	Causes probables
JAUNISSE voir Foie	Blessure interne et externe. Raison déséquilibrée. ⇨
KÉRATITE	voir Yeux
KYSTES	Tendance à repasser sans cesse le même film douloureux. Entretien de ses blessures. Fausse croissance. ⇨
LANGUE	Représente la capacité de goûter aux plaisirs de la vie avec amour. ⇨
LARYNGITE	La fureur empêche de parler. Peur de parler en son nom propre. Ressentiment contre l'autorité. ⇨
LÈPRE	Totale incapacité à assumer sa vie. Croyance ancienne de ne pas être assez bien ou assez propre. ⇨
LEUCÉMIE voir Sang	Fait de tuer brutalement l'inspiration. « A quoi bon ? » ⇨
LEUCORRHÉE voir Féminins (problèmes), Vaginite	Croyance dans le manque de pouvoir des femmes sur le sexe opposé. Colère contre un compagnon. ⇨
LITHIASE biliaire	voir Calculs biliaires
urinaire	voir Reins
LUPUS ÉRYTHÉMATEUX	Abandon. Plutôt mourir que se défendre. Colère et punition. ⇨
LYMPHE (Problèmes lymphatiques)	Un signal : l'esprit a besoin de se concentrer sur l'essentiel : l'amour et la joie. ⇨

Nouveaux schémas de pensée

J'éprouve tolérance, compassion et amour pour tout le monde comme pour moi-même.

Mon cinéma personnel est beau parce que je le choisis ainsi. Je m'aime.

Je me réjouis de la générosité et de la bonté de la vie.

Je suis libre de demander ce que je veux. M'exprimer est sans danger. Je suis en paix.

Je m'élève au-dessus de toutes mes limitations. Le Divin me guide et m'inspire. L'amour guérit tout.

Je franchis mes anciennes limitations dans la liberté du présent. Etre moi-même est sans danger.

Je crée toutes mes expériences. Je suis le pouvoir. Je me réjouis de ma féminité. Je suis libre.

Je parle en mon nom librement et aisément. Je revendique mon propre pouvoir. Je m'aime et m'approuve. Je suis libre et en sécurité.

Je suis maintenant totalement centré sur l'amour et la joie de vivre. Je vogue avec le cours de la vie. J'ai l'esprit en paix.

Problèmes	Causes probables
MACHOIRES (Problèmes de)	Colère. Ressentiment. Désir de vengeance. ⇨
MAINS	Aptitude à tenir, manipuler, toucher, saisir, agripper, lâcher, caresser, pincer. Toutes les façons de prendre en main les expériences. ⇨
MAL DES TRANSPORTS	Peur. Crainte de ne pas contrôler la situation. ⇨
Mal de mer	Peur. Peur de la mort. Manque de contrôle. ⇨
Mal de voiture	Peur. Sentiment d'être ligoté et pris au piège. ⇨
MALARIA	voir Paludisme
MALADIES chroniques	Refus de changer. Peur du futur. Sentiment d'insécurité. ⇨
de l'enfance	Croyances dans le calendrier, les conceptions de la société et de fausses lois. Comportement puéril des adultes qui entourent l'enfant. ⇨
incurables	Ne peuvent être soignées par des moyens extérieurs. Nous devons *rentrer en nous-mêmes* pour trouver la guérison. Ces maladies viennent du néant et y retourneront. ⇨
MASTITE	voir Seins
MASTOIDITE	Colère et frustration. Désir de ne pas écouter ce qui se passe. Généralement chez les enfants. La peur perturbe l'entendement. ⇨

Nouveaux schémas de pensée

Je consens à changer les schémas en moi qui engendrent cet état.
Je m'aime et m'approuve. Je suis en sécurité.

Je choisis de manier toutes mes expériences
avec amour, joie et aisance.

Je contrôle toujours mes pensées. Je suis en sécurité.
Je m'aime et m'approuve.

Je suis totalement en sécurité dans l'univers.
Où que je sois, je suis en paix. Je fais confiance à la vie.

J'évolue avec aisance dans le temps et l'espace.
Seul l'amour m'entoure.

Je consens à changer et à grandir.
Je crée maintenant un avenir nouveau et sécurisant.

Cet enfant est protégé et entouré d'amour par le Divin.
Nous réclamons l'immunité mentale.

Il y a des miracles chaque jour. Je vais à l'intérieur de moi-même
pour dissoudre le schéma qui a créé cette maladie.
J'accepte maintenant la guérison divine. Qu'il en soit ainsi !

La paix et l'harmonie divines m'entourent et sont en moi. Je suis une oasis de joie, de paix et d'amour. Tout est bien dans mon univers.

Problèmes	Causes probables
MAUX DIVERS	Désir ardent d'amour. Désir d'être serré dans les bras. ⇨
MAUX DE TETE voir Migraines	Dénigrement de soi. Autocritique. Peur. ⇨
MÉNINGITE CÉREBRO-SPINALE	Pensée enflammée et rage à propos de la vie. ⇨
MÉNOPAUSE (Problèmes de la) voir Féminins (Problèmes)	Peur de ne plus être désirée. Peur de vieillir. Peur de ne pas être assez bien. Rejet de soi-même. ⇨
MIGRAINES voir Maux de tête	Intolérance au fait d'être sous pression. Résistance face au courant de la vie. Peurs sexuelles (peuvent parfois se résoudre par la masturbation). ⇨
MOELLE OSSEUSE	voir Os
MONONUCLÉOSE INFECTIEUSE	Colère de ne pas recevoir d'amour et d'appréciation. Refus de s'occuper de soi-même. ⇨
MORSURES, PIQURES	Peur. Vulnérabilité aux affronts. ⇨
Animaux	Colère dirigée vers l'intérieur. Besoin de punition. ⇨
Insectes	Culpabilité pour de petites choses. ⇨
MORT	Représente le fait de quitter le cinéma qu'est la vie. ⇨
M.S.T (maladies sexuellement transmissibles)	voir Vénériennes (maladies)

Nouveaux schémas de pensée

Je m'aime et m'approuve.
Je suis une personne aimante et aimée.

Je m'aime et m'approuve. Je considère mes actions et moi-même avec les yeux de l'amour. Je suis en sécurité.

J'abandonne toute condamnation
et accepte la paix et la joie de la vie.

Je suis équilibrée et calme à chaque changement de cycle
et je bénis mon corps avec amour.

Je me détends dans le courant de la vie. Je laisse la vie me procurer avec facilité et confort tout ce dont j'ai besoin. La vie est faite pour moi.

Je m'aime, je m'apprécie et je prends soin de moi.
Je me suffis à moi-même.

Je me pardonne et je m'aime, maintenant et pour toujours.

Je suis libre.

Je suis libre de toute irritation. Tout est bien.

Je vais avec joie vers d'autres niveaux d'expérience.
Tout est bien.

Problèmes	Causes probables
MUGUET voir Bouche, Mycose	Colère d'avoir pris la mauvaise décision. ⇨
MUSCLES	Résistance à de nouvelles expériences. Les muscles représentent notre capacité à bouger dans la vie. ⇨
MYCOSES	Croyances stagnantes. Refus de lâcher le passé et tendance à le laisser diriger le présent. ⇨
candida	Très grande peur. Beaucoup de frustration et de colère. Exigeance mais méfiance dans les relations. Individus grands « preneurs ». ⇨
levures	Négation de ses propres besoins. Manque de soutien envers soi-même. ⇨
entre les orteils	Frustration de n'être pas accepté. Incapacité à avancer avec aisance. ⇨
du cuir chevelu, des poils et des ongles	voir Teigne
MYOPATHIE	voir Muscles
MYOPIE	voir Yeux
NAISSANCE voir infirmités congénitales	Représente le début d'un épisode dans le film de la vie. ⇨
NARCOLEPSIE	Incapacité à faire face. Peur extrême. Désir de tout fuir. Refus d'être ici. ⇨
NAUSÉES	Peur. Rejet d'une idée ou d'une expérience. ⇨
NÉPHRITE voir Bright (mal de)	Réaction démesurée à une déception et à un échec. ⇨

Nouveaux schémas de pensée

J'accepte avec amour mes décisions, sachant que je suis libre de changer. Je suis en sécurité.

J'expérimente la vie comme une danse joyeuse.

Je vis le moment présent, joyeux et libre.

Je me donne la permission d'être tout ce que je peux être et mérite ce qu'il y a de mieux dans la vie.
Je m'aime et m'apprécie ; j'aime et apprécie les autres.

Je choisis maintenant de me soutenir de manière aimante et joyeuse.

Je m'aime et m'approuve. Je m'autorise à aller de l'avant.
Bouger est sans danger.

Ce bébé commence maintenant une nouvelle vie joyeuse et merveilleuse. Tout est bien.

Je m'en remets à la Sagesse divine qui me guide et me protège toujours. Je suis en sécurité.

Je suis en sécurité. Je fais confiance au processus de la vie pour m'apporter toujours du bien.

Seule l'action juste trouve place dans ma vie.
J'abandonne l'ancien et accueille le nouveau. Tout est bien.

Problèmes	Causes probables
NERFS	Représentent la communication.
Crise de nerfs	Nombrilisme. Embouteillage des voies de communication. ⇨
Nervosité	Peur, anxiété, lutte, précipitation. Défiance envers le processus de la vie. ⇨
NÉVRALGIE	Punition pour culpabilité. Communication angoissée. ⇨
NEZ	Représente la connaissance de soi, l'intuition. ⇨
Saignements de nez	Besoin d'être reconnu. Sentiment d'être ignoré. Quémander l'amour. ⇨
Nez qui coule	Demande d'aide. Pleurs intérieurs. ⇨
Nez qui coule dans la gorge	Pleurs intérieurs. Larmes enfantines. Sentiment d'être victime. ⇨
NODULES	Ressentiment, frustration et image blessée de l'ego à propos de la carrière. ⇨
NUQUE RAIDE voir Cou	Entêtement inflexible. ⇨
ODEUR CORPORELLE	Peur. Aversion de soi. Peur des autres. ⇨
ŒDÈME voir Enflure, Rétention d'eau	De qui ou de quoi ne veut-on pas se défaire ? ⇨
ONGLES	Représentent la protection. ⇨

Nouveaux schémas de pensée

J'ouvre mon cœur et crée une communication aimante. Je suis en sécurité. Je suis bien.

Je fais un voyage sans fin à travers l'éternité et il y a largement le temps. Je communique avec mon cœur. Tout est bien.

Je me pardonne. Je m'aime et m'approuve. Je communique avec amour.

Je reconnais ma propre capacité d'intuition.

Je m'aime et m'approuve. Je reconnais ma véritable valeur. Je suis merveilleux.

Je m'aime et me soutiens d'une façon qui me fait plaisir.

Je reconnais et accepte que je suis le pouvoir créateur dans mon univers. Je choisis maintenant de prendre plaisir à ma vie.

Je me libère de ce schéma de retard et laisse désormais le succès venir à moi.

Voir d'autres points de vue est sans danger.

Je m'aime et m'approuve. Je suis en sécurité.

Je consens à me libérer du passé. Lâcher prise est sans danger. Je suis libre maintenant.

Aller vers l'extérieur est sans danger pour moi.

Problèmes	Causes probables
Ongles rongés	Frustration. Fait de se ronger soi-même. Rancune contre un parent. ⇨
Ongle incarné	Souci et culpabilité par rapport à son droit à aller de l'avant. ⇨
OREILLES	Représentent la capacité d'entendre. ⇨
Maux d'oreilles (otites)	Colère. Refus d'entendre. Tumulte excessif. Disputes des parents. ⇨
ORTEILS	Représentent les petits détails de l'avenir. ⇨
OS	Représentent la structure de l'univers. ⇨
Moelle osseuse	Représente les croyances les plus profondes à propos de soi-même, la manière dont on se soutient et prend soin de soi. ⇨
Fracture	Rébellion contre l'autorité. ⇨
Difformité	Mental étriqué et sous pression. Les muscles ne peuvent s'étirer. Perte de la mobilité mentale. ⇨
Ostéomyélite	Colère et frustration envers la structure même de la vie. Sentiment de ne pas être soutenu. ⇨
Ostéoporose	Sentiment de ne pas être soutenu dans la vie. ⇨

Nouveaux schémas de pensée

Grandir est sans danger. Désormais je prends la responsabilité de ma vie avec aisance et joie.

C'est mon droit divin de prendre ma propre direction dans la vie. Je suis en sécurité. Je suis libre.

J'entends avec amour.

L'harmonie m'entoure. J'écoute avec amour tout ce qui est bon et agréable. Je suis un centre pour l'amour.

Tous les détails se règlent d'eux-mêmes.

Je suis bien structuré et équilibré.

L'Esprit divin est la structure de ma vie. Je suis en sécurité ; je suis aimé et parfaitement soutenu.

Dans mon univers, je suis ma propre autorité, car je suis seul maître de mon esprit.

J'inspire à fond la vie. Détendu, je me fie au cours et au processus de la vie.

Je suis paisible et confiant dans le processus de la vie. Je suis protégé et en sécurité.

Je m'affirme et la vie m'apporte des soutiens inattendus, pleins d'amour.

Problèmes	Causes probables
OVAIRES voir Féminins (problèmes)	Représentent les centres de création. Créativité. ⇨
PAGET (maladie de)	Impression qu'il n'y a plus de fondations sur lesquelles construire. « Personne ne fait attention. » ⇨
PALUDISME	Déséquilibre par rapport à la nature et à la vie. ⇨
PANCRÉAS	Représente la douceur de la vie. ⇨
Pancréatite	Rejet. Colère et frustration parce que la vie semble avoir perdu sa douceur. ⇨
PARALYSIE	Peur, terreur. Fuite face à une personne ou à une situation. Résistance. Pensées paralysantes. Blocage. ⇨
PARASITES voir Mycoses, Teigne, Ténia	Abdication de son pouvoir devant les autres, leur laissant prendre le dessus. ⇨
PARKINSON (maladie de)	Peur et désir intense de contrôler toute chose et tout être. ⇨
PEAU	Protège notre individualité. Organe des sens. ⇨
Problèmes de peau voir Eczéma, Eruption, Points noirs, Psoriasis, Urticaire	Anxiété, peur. Sentiment d'être menacé. Cloaque de vieux décombres. ⇨
PHLÉBITE	Colère et frustration. Condamnation des autres pour la limitation et l'absence de joie dans la vie. ⇨

Nouveaux schémas de pensée

Je suis équilibrée dans le flux de ma créativité.

Je sais que je suis soutenu par la vie d'une manière grandiose et glorieuse. La vie m'aime et prend soin de moi.

Je suis en union et en équilibre avec tout ce qui fait partie de la vie. Je suis en sécurité.

Ma vie est douce.

Je m'aime et m'approuve.
Je crée moi-même la douceur et la joie dans ma vie.

Je fais un avec la vie.
Je suis en sécurité et à la hauteur de chaque situation.

Je reprends avec amour mon pouvoir
et élimine toute interférence.

Je me détends, me sachant en sécurité.
La vie est en ma faveur et j'ai confiance en son processus.

Etre moi-même est sans danger.

Je me protège avec amour, par des pensées de joie et de paix.
Le passé est oublié et pardonné. Je suis libre en cet instant.

La joie se répand désormais librement en moi
et je suis en paix avec la vie.

Problèmes	Causes probables
PIEDS	Représentent la compréhension de soi, de la vie et des autres. ⇨
Problèmes de pieds	Peur de l'avenir. Peur de stagner dans la vie. ⇨
Cors	Sphères de pensée durcies - attachement têtu à la souffrance du passé. ⇨
Oignons	Manque de joie face aux expériences de la vie. ⇨
« PIPI AU LIT » (énurésie)	Peur d'un des parents, généralement du père. ⇨
PLAIES	Colère inexprimée qui s'installe. ⇨
PLEURS	Les pleurs sont la rivière de la vie. On les verse de joie, de tristesse ou de peur. ⇨
PNEUMONIE voir Poumons	Désespoir. Lassitude de vivre. Blessures émotionnelles qu'on ne laisse pas guérir. ⇨
POIDS (excès de) voir Graisse	Peur. Besoin de protection. Fuite des sentiments. Insécurité, rejet de soi-même. Recherche d'accomplissement. ⇨
POIGNETS	Représentent le mouvement et l'aisance. ⇨
POINTS	voir Peau.
Points blancs	Pour cacher la laideur. ⇨
Points noirs	Petites explosions de colère. ⇨
POLIOMYÉLITE	Jalousie paralysante. Désir d'arrêter quelqu'un. ⇨

Nouveaux schémas de pensée

Ma compréhension est claire et je consens à changer avec le temps. Je suis en sécurité.

J'avance dans la vie avec joie et aisance.

Je vais de l'avant, libre du passé. Je suis en sécurité, je suis libre.

Je vais avec joie à la rencontre des merveilleuses expériences de la vie et je les salue.

Cet enfant est perçu avec amour, compassion et compréhension. Tout est bien.

J'exprime mes émotions de manière joyeuse et positive.

Je suis en paix avec toutes mes émotions. Je m'aime et m'approuve.

J'accueille librement les idées divines qui apportent le souffle et l'intelligence de la vie. C'est un nouvel instant.

Je suis en paix avec mes sentiments. Je suis en sécurité là où je me trouve. Je crée ma propre sécurité. Je m'aime et m'approuve.

Je manie toutes mes expériences avec sagesse, amour et aisance.

J'accepte que je suis beau et aimé.

Je calme mes pensées et je suis serein.

Il y a assez pour tous. Je crée mon bien et ma liberté en diffusant des pensées d'amour.

Problèmes	Causes probables
POUMONS	Représentent la capacité d'inspirer la vie. ⇨
Problèmes pulmonaires voir Pneumonie	Dépression. Chagrin. Peur d'inspirer la vie. Sentiment d'être indigne de vivre pleinement. ⇨
PROSTATE	Représente le principe masculin. ⇨
Problèmes de prostate	Affaiblissement du principe masculin par des peurs mentales. Attitude d'abandon. Tension et culpabilité sexuelles. Croyance dans le vieillissement. ⇨
PRURIT	voir Démangeaisons
PSORASIS voir Peau	Peur d'être blessé. Engourdissement des sens et de soi-même. Refus d'assumer ses propres sentiments. ⇨
PUBIS (os du)	Représente la protection des organes génitaux. ⇨
PYÉLONÉPHRITE	voir Urine
PYORRHÉE (gingivite) voir Gencives	Colère liée à l'incapacité de prendre des décisions. Chez les personnes hésitantes et floues. ⇨
RACHITISME	Malnutrition émotionnelle. Manque d'amour et de sécurité. ⇨
RAGE (maladie)	Colère. Croyance dans le fait que la violence est la réponse. ⇨
RAIDEUR	Pensée rigide et raide. ⇨
RATE	Obsessions. Tendance à être toujours obsédé par quelque chose. ⇨
RECTUM	voir Anus

Nouveaux schémas de pensée

J'inspire la vie en parfait équilibre.

J'ai la capacité d'intégrer la vie dans sa plénitude.
Je vis amoureusement la vie à pleins poumons.

J'accepte et me réjouis d'être un homme.

Je m'aime et m'approuve. J'accepte mon propre pouvoir.
Je suis et serai toujours jeune d'esprit.

Je m'éveille à la joie de vivre. Je mérite et accepte ce qu'il y a de mieux dans la vie. Je m'aime et m'approuve.

Ma sexualité est sans danger.

Je m'approuve et mes décisions sont toujours parfaites pour moi.

Je suis en sécurité et nourri par l'amour universel.

La paix est en moi et m'entoure.

Je suis assez en sécurité pour avoir l'esprit souple.

Je m'aime et m'approuve. J'ai confiance, sachant que le processus de la vie est en ma faveur. Je suis en sécurité. Tout est bien.

Problèmes	Causes probables
RÈGLES (problèmes de) voir Aménorrhée, Dysménorrhée, Féminins (problèmes)	Rejet de sa féminité. Culpabilité. Peur. Croyance dans le fait que les organes génitaux sont liés au péché ou sales. ⇨
Syndrome prémenstruel	Passivité face à la confusion qui s'installe. Abdication vis-à-vis des influences extérieures. Rejet des processus féminins. ⇨
REINS (problèmes de)	Esprit critique, déceptions, échecs. Honte. Réaction puérile. ⇨
Calculs rénaux	Amas de colère non dissoute. ⇨
RESPIRATION	Représente la capacité de laisser la vie entrer en soi. ⇨
Problèmes respiratoires voir Asphyxie, Asthme, Emphysème, Hyperventilation	Peur ou refus de laisser la vie entrer à fond. Impression de ne pas avoir le droit d'occuper l'espace et parfois même d'exister. ⇨
Troubles respiratoires voir Bronchite, Grippe, Rhume, Toux	Peur de respirer pleinement la vie. ⇨
RÉTENTION D'EAU voir Enflure, Œdème	Qu'a-t-on peur de perdre ? ⇨
RHUMATISMES	Sentiment d'être victime. Manque d'amour. Amertume chronique. Ressentiment. ⇨
RHUME voir Respiration	Trop d'affaires en cours à la fois. Confusion mentale, désordre, petites blessures. Type de croyance : j'ai trois rhumes chaque hiver. ⇨

Nouveaux schémas de pensée

J'accepte la totalité de mon pouvoir en tant que femme. J'accepte tous les processus de mon corps comme normaux et naturels. Je m'aime et m'approuve.

Maintenant je prends la responsabilité de mon esprit et de ma vie. Je suis une femme puissante et dynamique. Toutes les parties de mon corps fonctionnent parfaitement. Je m'aime.

Il y a seulement des actions divines justes dans ma vie. Chaque expérience m'apporte seulement du bien. Devenir adulte est sans danger.

Je dissous tous mes problèmes passés avec aisance.

J'aime la vie. Vivre est sans danger.

C'est mon droit légitime de vivre à fond et librement ma vie. Je suis digne d'amour. Je choisis maintenant de vivre pleinement.

Je suis en sécurité. J'aime ma vie.

Je consens à me soulager avec joie.

Je crée mes propres expériences. J'aime et approuve les autres et moi-même ; dans le même temps, mes expériences s'améliorent de jour en jour.

Je permets à mon esprit de se détendre et d'être en paix. Clarté et harmonie sont en moi et m'entourent.

Problèmes	Causes probables
Rhume des foins voir Allergies	Congestion émotionnelle. Peurs rituelles, annuelles. Croyance dans une persécution. Culpabilité. ⇨
RONFLEMENT	Refus entêté d'abandonner les vieux schémas. ⇨
ROTS	Peur. Fait de gober la vie trop vite. ⇨
SAIGNEMENTS	La joie s'en va. Colère. Mais où ? ⇨
Saignement ano-rectal	Colère et frustration. ⇨
Saignement des gencives	Manque de joie dans les décisions prises. ⇨
SANG	Représente la joie qui circule librement dans le corps. ⇨
Problèmes de sang voir Leucémie, Anémie,	Manque de joie. Circulation insuffisante des idées. ⇨
Phlébite (dans les veines ou les artères)	Fermeture de la circulation de la joie.
SCIATIQUE	Hypocrisie. Peur de l'argent et de l'avenir. ⇨
SCLÉRODERMIE	Se protéger de la vie. Tendance à ne pas se faire confiance pour être là et prendre soin de soi-même. ⇨
SCLÉROSE EN PLAQUES	Esprit dur, cœur sec, volonté de fer, inflexibilité. Peur. ⇨

Nouveaux schémas de pensée

Je suis un avec le Tout.
Je suis en sécurité à tout moment.

Je dégage mon esprit de tout ce qui diffère de l'amour et de la joie.
Je quitte le passé pour ce qui est nouveau, frais et vif.

Il y a temps et place pour tout ce que j'ai besoin de faire.
Je suis en paix.

Je suis la joie de vivre ; j'exprime et reçois tout au bon rythme.

Je fais confiance au processus de la vie.
Il n'y a dans ma vie que des actions justes et bonnes.

Je suis confiant, car seules des actions justes prennent place dans ma vie. Je suis en paix.

Libre d'exprimer et de recevoir, je suis la joie de vivre.

Les idées nouvelles et joyeuses circulent librement en moi.
J'éveille une nouvelle vie qui circule en moi.

Je vais de l'avant pour mon plus grand bien. Ce qui est bon pour moi est partout. Je suis protégé et en sécurité.

Je me détends totalement car je sais maintenant que je suis en sécurité. Je fais confiance à la vie et à moi-même.

En choisissant l'amour, les pensées joyeuses, je crée un monde aimant et joyeux. Je suis en sécurité et libre.

Problèmes	Causes probables
SCLÉROSE LATÉRALE AMYOTROPHIQUE	Refus d'accepter sa propre valeur. Incapacité à s'affirmer. ⇨
SCOLIOSE	voir Colonne vertébrale p. 98
SEINS	Représentent la maternité, le maternage et la nourriture. ⇨
Problèmes des seins (kystes, grosseurs, douleurs, mastite)	Refus de se nourrir soi-même. Habitude de faire passer les autres avant soi-même. Surmaternage, surprotection, attitudes dominatrices. ⇨
SÉNILITÉ voir Alzheimer	Retour à la prétendue sécurité de l'enfance. Demande de soins et d'attention. Forme de contrôle sur l'entourage. Evasion. ⇨
SIDA	Sentiment d'être sans défense et sans espoir. Tout le monde est indifférent. Profonde croyance dans le fait de ne pas être à la hauteur. Rejet de soi-même. Culpabilité sexuelle. ⇨
SINUS (problèmes de)	Irritation à l'encontre d'une personne proche. ⇨
SOLAIRE (plexus)	Représente nos réactions instinctives et le centre de notre pouvoir intuitif. ⇨
SPASMES	Rétrécissement des pensées dû à la peur. ⇨
SQUELETTE	voir Os

Nouveaux schémas de pensée

Je sais que j'ai de la valeur.
Il est sans danger pour moi de réussir. La vie m'aime.

Je prends et donne la nourriture de façon parfaitement équilibrée.

Je suis importante. Je compte. Maintenant, je prends soin de moi et me nourris d'amour et de joie. Je laisse les autres être ce qu'ils sont. Nous sommes tous protégés et en sécurité.

Protection divine. Sécurité. Paix.
L'Intelligence de l'univers opère à chaque palier de la vie.

Je fais partie du plan de l'Univers. Je suis important et aimé par la vie elle-même. Je suis puissant et capable. Je m'aime et apprécie tout ce que je suis.

Je déclare que la paix et l'harmonie sont en moi et m'entourent à chaque instant. Tout est bien.

Je fais confiance à ma voix intérieure.
Je suis fort, sage et puissant.

Je relâche, je me détends et laisse aller.
Je suis en sécurité dans la vie.

Problèmes	Causes probables
STÉRILITÉ	Peur et résistance face au processus de la vie. OU ne pas avoir besoin de vivre l'expérience parentale. ⇨
SUICIDE	Vision de la vie seulement en noir et blanc. Refus de voir une autre porte de sortie. ⇨
SURDITÉ	Rejet, entêtement, isolement. Que refuse-t-on d'entendre ? Attitude de « Laissez-moi tranquille. » ⇨
SURRÉNALES voir Addison, Cushing	Défaitisme. Négligence par rapport à soi-même Anxiété. ⇨
SYPHILIS voir Vénériennes (maladies)	Abandon de son pouvoir et de son efficacité. ⇨
TEIGNE	Se laisser mettre hors de soi par les autres. Sentiment de de ne pas être assez bien ou assez propre. ⇨
TÉNIA	Sentiment profond d'être une victime et d'être sale. Tendance à se laisser désarmer par l'attitude que l'on prête aux autres. ⇨
TENSION ARTÉRIELLE	
Hypertension	Problème émotionnel ancien et non résolu. Tendance à faire des montagnes d'un rien. ⇨
Hypotension	Manque d'amour dans l'enfance. Défaitisme : « A quoi bon ? De toute façon, cela ne marchera pas. » ⇨
TESTICULES	Représentent le principe masculin, la virilité. ⇨

Nouveaux schémas de pensée

Je fais confiance au processus de la vie.
Je suis toujours au bon endroit, accomplissant ce qu'il faut au bon moment. Je m'aime et m'approuve.

Je vis dans la totalité des possibilités.
Il y a toujours une autre voie. Je suis en sécurité.

J'écoute le Divin et me réjouis de tout ce que je peux entendre.
Je suis à l'unisson avec tout.

Je m'aime et m'approuve.
Prendre soin de moi est sans danger.

Je décide d'être moi-même. Je m'approuve tel que je suis.

Je m'aime et m'approuve. Je garde mon pouvoir par rapport à toute personne, tout lieu, toute chose. Je suis libre.

Les autres reflètent seulement les sentiments positifs que j'ai de moi. J'aime et approuve tout ce que je suis.

Je me libère joyeusement du passé. Je suis en paix.

Je choisis maintenant de vivre dans un présent toujours joyeux.
Ma vie est une joie.

Etre un homme est sans danger.

Problèmes	Causes probables
TÉTANOS voir Trismus	Besoin d'abandonner la colère, les pensées purulentes. ⇨
THROMBOSE	Sentiment de solitude et de frayeur. Croyance dans le fait qu'on n'est pas assez bien, qu'on n'en fait jamais assez, qu'on n'y arrivera jamais. ⇨
THYMUS	Glande maîtresse du système immunitaire. Sentiment d'être attaqué par la vie. « Ils vont m'avoir. » ⇨
THYROIDE voir Goitre, Hyperthy-roïdie, Hypothyroïdie	Humiliation. « Je n'arrive jamais à faire ce que je veux. Quand viendra donc mon tour ? » ⇨
TIBIAS	Effondrement des idéaux. Les tibias représentent les critères de la vie. ⇨
TICS	Peur. Impression d'être regardé par les autres. ⇨
TORTICOLIS	voir Cou, Nuque raide
TOUX voir Respiration	Désir d'aboyer après le monde : « Regardez-moi ! Ecoutez-moi ! » ⇨
TOXICOMANIE	Fuite de soi-même. Peur. Ignorance de la manière de s'aimer soi-même. ⇨
TRISMUS voir Tétanos	Colère. Désir de contrôler. Refus d'exprimer ses sentiments. ⇨

Nouveaux schémas de pensée

Je laisse l'amour de mon cœur laver, purifier, guérir toutes les parties de mon corps et toutes mes émotions.

Je fais un avec la vie. L'univers me soutient totalement. Tout est bien.

Mes pensées d'amour maintiennent la force de mon système immunitaire. Je suis en sécurité à l'intérieur et à l'extérieur. Je m'écoute avec amour.

Je dépasse mes vieilles limitations et m'autorise dorénavant à m'exprimer de façon libre et créative.

Je vis guidé par mes idéaux les plus élevés, avec amour et joie.

Tout dans la vie m'approuve. Tout est bien. Je suis en sécurité.

Je suis remarqué et apprécié de la manière la plus positive. Je suis aimé.

Maintenant je découvre combien je suis merveilleux. Je choisis de m'aimer et de prendre plaisir à la vie.

Je fais confiance au processus de la vie. Je demande facilement ce que je veux. La vie me soutient.

Problèmes	Causes probables
TUBERCULOSE	Dépérissement par égoïsme. Possessivité. Pensées cruelles. Vengeance. ⇨
TUMEURS	Entretien d'anciens chocs et blessures. Echafaudage de remords. ⇨
Tumeur au cerveau	voir Cerveau
TUNNEL CARPIEN (syndrome du) voir Poignets	Colère et frustration face à ce qui paraît être des injustices dans la vie. ⇨
ULCÈRE voir Estomac	Peur. Profonde croyance dans le fait qu'on n'est pas assez bien. Qu'est-ce qui nous ronge ? ⇨
Ulcère peptique	Peur. Croyance dans le fait qu'on n'est pas assez bien. Désir anxieux de plaire. ⇨
URÉTRITE	Sentiments de colère. Blâme. ⇨
URINE (infections urinaires)	Rage qui s'adresse en général au sexe opposé ou au partenaire. Fait de condamner les autres. ⇨
URTICAIRE voir Eruption, Peau	Petites peurs cachées. Tendance à faire des montagnes d'un rien. ⇨
UTÉRUS voir Féminins (problèmes)	Représente le foyer de la créativité. ⇨
VAGINITE voir Féminins (Problèmes) Leucorrhée	Colère contre un partenaire. Culpabilité sexuelle. Autopunition. ⇨
VARICELLE	voir Zona
VARICES	Blocage dans une situation que l'on déteste. Découragement. Sentiment d'être débordé et surchargé. ⇨

Nouveaux schémas de pensée

Tandis que je m'aime et m'approuve,
je crée un monde où vivre dans la joie et la paix.

Je me libère avec amour du passé et me tourne
vers ce nouveau jour. Tout est bien.

Je choisis maintenant de créer une vie joyeuse et abondante.
Je suis à l'aise.

Je m'aime et m'approuve. Je suis en paix.
Je suis calme. Tout est bien.

Je m'aime et m'approuve. Je suis en paix avec moi-même.
Je suis merveilleux.

Je crée seulement des expériences joyeuses dans ma vie.

Je débarrasse ma conscience du schéma qui a créé cet état.
Je suis prêt à changer. Je m'aime et m'approuve.

J'apporte la paix à chaque parcelle de ma vie.

Je suis bien chez moi dans mon corps.

Les autres reflètent l'amour et l'approbation que j'ai de moi.
Je me réjouis de ma sexualité.

Je suis dans la vérité, je vis et bouge allègrement.
J'adore la vie et circule librement.

Problèmes	Causes probables
VÉGÉTATIONS	Conflits familiaux, disputes. Enfant qui se sent malvenu au monde et croit déranger. ⇨
VÉNÉRIENNES (maladies) voir Gonorrhée, Herpès génital, Sida, Syphilis	Culpabilité sexuelle. Besoin de punition. Croyance que les organes génitaux sont sales ou qu'ils relèvent du péché. Abus d'autrui. ⇨
VERRUES	Petites expressions de haine. Croyance dans la laideur. ⇨
Verrues plantaires	Colère à la base même de la compréhension. Projection de frustrations dans l'avenir. ⇨
VERS, PARASITES	voir Mycoses, Teigne, Ténia
VERTIGES	Pensées fuyantes et dispersées. Refus de regarder. ⇨
VESSIE (Problèmes de)	Anxiété. Tendance à s'accrocher aux vieilles idées. Peur de lâcher prise. ⇨
VIEILLISSEMENT (Problèmes de)	Préjugés sociaux. Vieilles façons de penser. Peur d'être soi-même. Rejet du présent. ⇨
VISAGE	Ce qu'on présente au monde. ⇨
Traits tombants, mous	Les traits flanchent quand les pensées flanchent. Ressentiment envers la vie. ⇨
VITILIGO	Impression d'être totalement extérieur aux choses et à l'entourage. Sentiment de ne pas faire partie du groupe. ⇨
VOMISSEMENTS	Violent rejet d'idées. Peur de la nouveauté. ⇨

Nouveaux schémas de pensée

Cet enfant est désiré, accueilli et profondément aimé.

J'accepte avec amour et joie ma sexualité et son expression.
J'accepte seulement les pensées qui me soutiennent
et me rendent heureux.

Je suis l'expression même de l'amour et de la beauté de la vie.

J'avance avec confiance et aisance.
Je me fie au processus de la vie et me laisse guider par lui.

Je suis profondément centré et tranquille dans la vie.
Il est sans danger pour moi de vivre et d'être heureux.

Je me libère de ce qui est vieux et accueille avec aisance
et confort la nouveauté dans ma vie. Je suis en sécurité.

Je m'aime et m'approuve à tout âge.
Chaque moment de la vie est parfait.

Je suis et exprime ce que je suis sans danger.

J'exprime la joie de vivre et me permets de prendre tout
le plaisir de chaque instant, chaque jour. Je redeviens jeune.

Je suis au cœur même de la vie et totalement
relié à tout avec amour.

Je digère la vie en sécurité et avec joie.
Seul le bien peut venir vers moi et me traverser.

Problèmes	Causes probables
VULVE	Représente la vulnérabilité. ⇨
YEUX	Représentent la clairvoyance à l'égard du passé, du présent comme de l'avenir. ⇨
Problèmes des yeux	Fait de ne pas aimer ce que l'on voit dans la vie. ⇨
Astigmatisme	Problèmes de « je ». Peur de se regarder vraiment en face. ⇨
Cataracte	Incapacité de regarder joyeusement devant soi. Avenir sombre. ⇨
chez les enfants	Refus de voir ce qui se passe dans la famille. ⇨
Glaucome	Refus de pardonner en bloc. Pression résultant d'anciennes blessures. Sentiment d'être submergé par tout. ⇨
Hypermétropie	Peur du présent. ⇨
Kératite	Colère extrême. Désir de frapper ceux ou ce que l'on voit. ⇨
Myopie	Peur de l'avenir. ⇨
Orgelet	Fait de regarder la vie avec des yeux pleins de colère. En colère contre quelqu'un. ⇨
Strabisme convergent	Refus d'élargir son champ de vision. Objectifs contradictoires. ⇨
Strabisme divergent	Peur de regarder le présent en face. ⇨
Yeux secs	Yeux pleins de colère. Refus de voir avec amour. Plutôt mourir que pardonner. Rancune. ⇨
ZONA	Attente de la prochaine « tuile ». Peur et tension. Excès de sensibilité. ⇨

Nouveaux schémas de pensée

Etre vulnérable est sans danger.

Je vois avec amour et joie.

Je crée maintenant une vie que j'aime regarder.

Maintenant je suis prêt à voir ma propre beauté et magnificence.

La vie est éternelle et remplie de joie.
J'attends chaque instant avec plaisir.

L'harmonie, la joie, la beauté, la sécurité entourent maintenant cet enfant.

Je vois avec amour et tendresse.

Je suis en sécurité ici et maintenant ; je vois bien cela.

Je laisse tout l'amour de mon cœur guérir ce que je vois.
Je choisis la paix. Tout est bien dans mon univers.

Je me laisse guider par le Divin et suis toujours en sécurité.

Je choisis de voir tout être et toute chose avec joie et amour.

Voir est sans danger. Je suis en paix.

Je m'aime et m'approuve ici et maintenant.

Je consens à pardonner. J'amène la vie dans ma vision et vois avec compassion et compréhension.

Je suis détendu et paisible parce que je fais confiance au processus de la vie. Tout est bien dans mon univers.

LES DEVIATIONS

DE LA STATIQUE

VERTEBRALE

Tant de gens souffrent de problèmes de dos si divers que j'ai jugé utile de consacrer un chapitre spécial à la colonne vertébrale et à chaque vertèbre. Je vous conseille d'étudier le tableau suivant avec ses informations, puis de vous reporter aux équivalents mentaux dont vous trouverez ensuite la liste. Comme toujours, fondez-vous sur votre propre sagesse pour retenir l'explication qui est la plus féconde pour vous.

TABLEAU DES EFFETS DES DEVIATIONS DE LA STATIQUE VERTEBRALE

(p. 96-97)

et

AFFIRMATIONS DE GUERISON POUR LES DEVIATIONS DE LA STATIQUE VERTEBRALE

(p. 98 à 103)

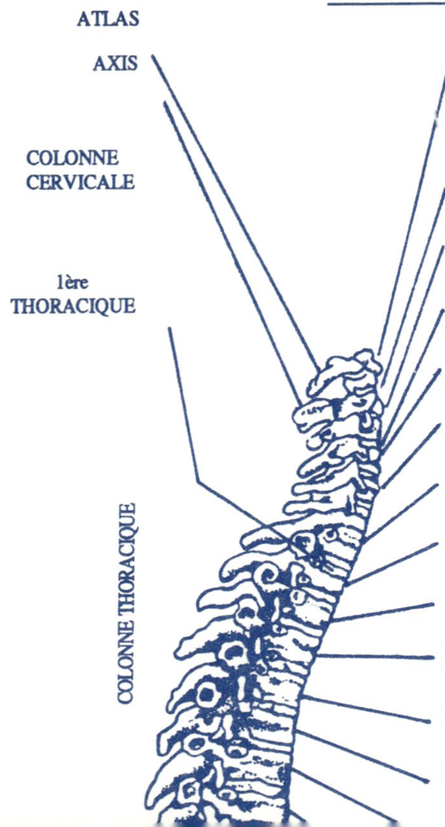

Vertèbres	Zones correspondantes		Effets
C 1	Irrigation de la tête, glande pituitaire, crâne, os de la face, cerveau, oreille interne et moyenne, système nerveux sympathique.	REGION CERVICALE	Maux de tête, nervosité, insomnie, rhumes, hypertension, migraines, crises de nerfs, amnésie, fatigue chronique, vertiges.
C 2	Yeux, nerfs optiques, nerfs auditifs, sinus, mastoïde, langue, front.	REGION CERVICALE	Sinusite, allergies, strabisme, surdité, troubles oculaires, otites, absences, certains cas de cécité.
C 3	Joues, oreille externe, os de la face, dents, nerf trijumeau.	REGION CERVICALE	Névralgies, névrite, acné ou boutons, eczéma.
C 4	Nez, lèvres, bouche, trompes d'Eustache.	REGION CERVICALE	Rhume des foins, catarrhe, perte d'audition, végétations.
C 5	Cordes vocales, ganglions cervicaux, pharynx.	REGION CERVICALE	Laryngite, enrouement, maux de gorge ou angines, etc.
C 6	Muscles du cou, épaules, amygdales.	REGION CERVICALE	Torticolis, douleur dans le bras, amygdalite, toux, croup.
C 7	Thyroïde, clavicules, coudes.	REGION CERVICALE	Bursite, rhumes, problèmes thyroïdiens.
D 1	Avant-bras, mains, poignets, doigts, œsophage et trachée.	REGION DORSALE	Asthme, toux, difficultés respiratoires, souffle court, douleur dans les avant-bras et les mains.
D 2	Cœur, y compris les valvules et les enveloppes, artères coronaires.	REGION DORSALE	Problèmes cardiaques fonctionnels et certains problèmes pulmonaires.
D 3	Poumons, bronches, plèvre, poitrine, seins.	REGION DORSALE	Bronchite, pleurésie, pneumonie, congestion, grippe.
D 4	Vésicule biliaire, cholédoque.	REGION DORSALE	Problèmes de vésicule biliaire, jaunisse, zona.
D 5	Foie, plexus solaire, sang.	REGION DORSALE	Problèmes hépatiques, circulatoires, fièvre, hypotension, anémie, arthrite.

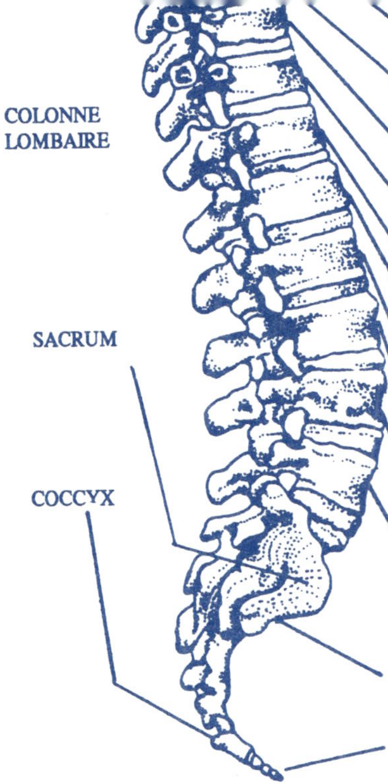

D 8	Rate.		Diminution de la résistance.
D 9	Surrénales.		Allergies, urticaire.
D 10	Reins.		Problèmes rénaux, artériosclérose, fatigue chronique, néphrite, pyélite.
D 11	Reins, uretères.		Problèmes de peau tels qu'acné, points noirs, eczéma ou furoncles.
D 12	Intestin grêle, circulation lymphatique.		Rhumatismes, flatulences, certains types de stérilité.
L 1	Gros intestin, aines.	REGION LOMBAIRE	Constipation, colite, dysenterie, diarrhée, certaines déchirures ou hernies.
L 2	Appendice, abdomen, cuisses.		Crampes, difficultés respiratoires, acidose, varices.
L 3	Organes génitaux, utérus, vessie, genoux.		Troubles vésicaux, menstruels, fausses-couches, impuissance, douleurs des genoux.
L 4	Prostate, muscles du bas du dos, nerf sciatique.		Sciatique, lumbago, difficultés à uriner ou besoins trop fréquents, maux de dos.
L 5	Jambes, chevilles, pieds.		Mauvaise circulation, faiblesse, crampes dans les jambes, chevilles enflées, fragiles, pieds plats, froids.
SACRUM	Hanches, fesses.		Problèmes de l'articulation sacro-iliaque, déviations de la colonne vertébrale.
COCCYX	Rectum, anus.		Hémorroïdes, prurit, douleur au bas de la colonne vertébrale en s'asseyant.

Un mauvais alignement des vertèbres et des disques peut provoquer une irritation du système nerveux et affecter les structures, les organes et les fonctions ; cette irritation peut à son tour entraîner les problèmes ci-dessus.

Vertèbres	Causes probables
Vertèbres cervicales	
C 1	Peur. Confusion. Fuite de la vie. Sentiment de ne pas être assez bien. « Que vont dire les voisins ? » Bavardage intérieur incessant. ⇨
C 2	Rejet de la sagesse. Refus de savoir ou de comprendre. Indécision. Ressentiment et blâme. Déséquilibre par rapport à la vie. Négation de sa propre spiritualité. ⇨
C 3	Acceptation de blâmes à la place des autres. Culpabilité. Attitude de martyr. Indécision. Tendance à se rabaisser. Yeux plus grands que le ventre. ⇨
C 4	Culpabilité. Colère réprimée. Amertume. Accumulation de sentiments. Pleurs refoulés. ⇨
C 5	Peur du ridicule et humiliation. Peur de s'exprimer. Rejet de son propre bien. Surcharge. ⇨
C 6	Fardeaux. Surcharge. Tentatives pour contrôler les autres. Résistance. Inflexibilité. ⇨
C 7	Confusion. Colère. Sentiment d'impuissance, de ne pas s'en sortir. ⇨

Nouveaux schémas de pensée

Je suis centré, calme et équilibré. L'univers m'approuve.
Je fais confiance à mon Moi supérieur. Tout est bien.

Je fais un avec l'univers et la vie.
Il est sans danger pour moi de savoir et de grandir.

Je suis seulement responsable de moi. Je me réjouis d'être qui je suis.
Je suis capable de gérer tout ce que je crée.

Je suis clair dans ma communication avec la vie.
Je suis libre d'apprécier la vie à l'instant même.

Ma communication est claire. J'accepte ce qui est bon pour moi.
J'abandonne toute attente. Je suis aimé et en sécurité.

Avec amour, je laisse les autres apprendre leurs propres leçons
et je prends soin de moi. J'avance avec aisance dans la vie.

J'ai le droit d'être moi-même. Je pardonne au passé.
Je sais qui je suis. J'envoie de l'amour aux autres.

Vertèbres	Causes probables
Vertèbres dorsales	
D 1	Peur de la vie. Trop de choses à faire pour s'en sortir. Fermeture par rapport à la vie. ⇨
D 2	Peur, souffrance et blessure. Refus de sentir. Fermeture du cœur. ⇨
D 3	Chaos intérieur. Blessures anciennes et profondes. Incapacité à communiquer. ⇨
D 4	Amertume. Besoin que les autres aient tort. Condamnation. ⇨
D 5	Refus de transformer les émotions. Emotions accumulées, rage. ⇨
D 6	Colère contre la vie. Emotions négatives accumulées. Peur de l'avenir. Soucis constants. ⇨
D 7	Souffrance qui s'emmagasine. Refus de se faire plaisir. ⇨
D 8	Obsession de l'échec. Résistance face à son propre bien. ⇨
D 9	Impression d'être abandonné par la vie. Tendance à blâmer les autres. Sentiment d'être victime. ⇨
D 10	Refus de prendre des responsabilités. Besoin d'être une victime. « C'est de votre faute. » ⇨

Nouveaux schémas de pensée

J'accepte ma vie et la prends du bon côté.
Tout ce qui est bien est désormais pour moi.

Mon cœur pardonne et lâche prise. M'aimer est sans danger.
La paix intérieure est mon but.

Je pardonne à tout le monde.
Je me pardonne. Je me nourris.

Je me pardonne
et nous sommes tous libres.

Je laisse la vie couler à travers moi.
Je veux vivre. Tout est bien.

Je fais confiance à la vie pour qu'elle se déroule d'une manière positive.
M'aimer est sans danger.

Je consens à lâcher prise.
J'autorise la douceur à emplir ma vie.

Je suis ouvert et réceptif à tout ce qui est bien.
L'univers m'aime et me soutient.

Je proclame mon propre pouvoir.
Je crée avec amour ma propre réalité.

Je m'ouvre à la joie et à l'amour,
que je donne et reçois librement.

Vertèbres	Causes probables
D 11	Mauvaise image de soi-même. Peur des relations. ⇨
D 12	Se refuser le droit de vivre. Sentiment d'insécurité et de peur face à l'amour. Incapacité à digérer. ⇨
Vertèbres lombaires	
L 1	Demande d'amour et besoin d'être seul. Insécurité. ⇨
L 2	Blocage dans une souffrance de l'enfance. Pas d'issue en vue. ⇨
L 3	Violences sexuelles. Culpabilité. Haine de soi-même. ⇨
L 4	Rejet de la sexualité. Insécurité financière. Peur de la carrière. Sentiment d'impuissance. ⇨
L 5	Insécurité. Difficultés à communiquer. Colère. Incapacité à accepter le plaisir. ⇨
SACRUM	Perte de pouvoir. Vieille colère tenace. ⇨
COCCYX	Déséquilibre par rapport à soi-même. Tendance à se cramponner. Condamnation de soi-même. Couve ses vieilles souffrances. ⇨

Nouveaux schémas de pensée

Je me vois beau et digne d'être aimé et apprécié.
Je suis fier d'être moi-même.

Je choisis de faire circuler les joies de la vie.
Je veux me nourrir.

Je suis en sécurité dans l'univers
et la vie tout entière m'aime et me soutient.

Je dépasse les limitations de mes parents et je vis pour moi-même.
Maintenant, c'est mon tour.

J'abandonne le passé. Je me chéris, moi
et ma merveilleuse sexualité. Je suis en sécurité.
Je suis aimé.

J'aime qui je suis. J'ai mon propre pouvoir comme base.
Je suis en sécurité à tous les niveaux.

Je mérite de prendre plaisir à la vie.
Je demande ce que je veux et l'accepte avec joie et plaisir.

Je suis le pouvoir et l'autorité dans ma vie. J'abandonne
le passé et réclame désormais ce qui est bon pour moi.

Je mets ma vie en équilibre en m'aimant moi-même.
Je vis dans le présent et aime qui je suis.

COMPLEMENTS

Je me suis rendu compte que les enfants, de même que les animaux, sont très sensibles à la conscience des adultes qui les entourent, parce qu'ils sont très ouverts. C'est pourquoi, quand vous travaillez sur des enfants ou des animaux domestiques, vous devez utiliser les affirmations aussi bien pour eux que pour toucher la conscience de leurs parents, leurs enseignants et les proches susceptibles de les influencer.

Le terme *métaphysique* signifie aller au-delà du physique, vers la cause mentale qui se trouve à l'arrière-plan. Par exemple, si vous veniez me voir en tant que client avec un problème de constipation, je saurais que vous avez une certaine croyance dans la limitation et le manque et que, par conséquent, vous avez peur d'abandonner une chose par crainte de ne pouvoir la remplacer. Cela pourrait aussi signifier que vous vous accrochez à de vieux souvenirs douloureux et ne voulez pas lâcher prise. Avez-vous peur de mettre fin à une relation qui ne vous satisfait plus, de quitter un emploi qui ne vous convient pas ou de vous défaire de quelque bien dont vous n'avez plus l'usage ? Peut-être même êtes-vous avare. Votre maladie me donnerait plusieurs clés pour votre attitude mentale.

J'essayerais de vous faire comprendre qu'un poing fermé et une attitude bloquée ne peuvent rien saisir de nouveau. Je vous aiderais à développer davantage de confiance dans l'univers (ce pouvoir qui vous fournit votre souffle) et à croire que ce dernier s'occupera de vous de façon à ce que vous puissiez suivre les rythmes de la vie. Je vous aiderais à abandonner les schémas de peur et vous apprendrais à créer un cycle nouveau, fait d'expériences agréables, en utilisant votre mental d'une manière différente. Je vous demanderais peut-être d'aller chez vous nettoyer vos armoires, en jetant tout ce qui est inutile, afin de faire de la place pour de nouvelles choses. Et de le faire en disant à haute voix : « J'abandonne le vieux et fais de la place pour le nouveau. » Simple mais efficace ! Et lorsque vous commencerez à comprendre le principe de l'abandon et du lâcher prise, la constipation, qui est une manière de s'agripper et se cramponner, prendra soin d'elle-même. Le corps relâchera de lui-même et tout à fait normalement ce qui n'est plus utile.

Peut-être avez-vous remarqué que j'ai beaucoup employé les termes AMOUR, PAIX, JOIE et ESTIME DE SOI. Lorsque nous vivons réellement dans l'espace aimant de notre cœur, en nous approuvant et en faisant confiance à la Puissance divine pour prendre soin de nous, la paix et la joie emplissent notre vie, et la maladie et les expériences désagréables cessent. Notre but est de vivre heureux et en bonne santé, en prenant plaisir à notre propre compagnie. L'amour dissout la colère, l'amour libère du ressentiment, l'amour dissipe la peur, l'amour crée la sécurité. Quand vous êtes dans un espace où vous vous aimez totalement, tout dans votre vie coule avec aisance, harmonie, santé, prospérité et joie.

Voici la meilleure manière d'utiliser ce livre si vous avez un problème physique :

1. Lisez la cause mentale qui est associée à ce problème physique et voyez si elle peut s'appliquer à vous. Si ce n'est pas le cas, asseyez-vous en silence et demandez-vous : « Quelles peuvent être en moi les pensées qui ont créé ce problème ? »

**2. Répétez-vous (à voix haute si possible) :
« Je veux abandonner le schéma de conscience qui a créé ce problème. »**

3. Répétez-vous plusieurs fois le nouveau schéma de pensée.

4. Soyez convaincu que vous avez déjà entamé le processus de guérison.

Chaque fois que vous pensez à votre problème, répétez ces différentes étapes.

Il est utile de lire et relire chaque jour la méditation qui termine ce livre, car elle crée une conscience saine et, par conséquent, un corps sain.

TRAITEMENT PAR L'AMOUR

AU CENTRE PROFOND DE MON ETRE se trouve un puits infini d'amour. Je laisse à présent cet amour déferler à la surface. Il emplit mon cœur, mon corps, mon esprit, ma conscience, il émane de moi, rayonnant dans toutes les directions, et me revient amplifié. Plus je donne d'amour, plus j'en ai à donner ; la source est intarissable. Faire agir l'amour ME REND HEUREUX, c'est une expression de ma joie intérieure. Je m'aime, donc je prends soin de mon corps avec amour. Avec amour je lui donne les aliments et boissons qui le nourrissent, avec amour je le soigne et l'habille, avec amour il me répond en vibrant de santé et d'énergie. Je m'aime, donc je m'assure un logis confortable, où j'ai plaisir à me trouver et qui pourvoit à tous mes besoins. J'emplis les pièces de vibrations d'amour, afin qu'en entrant, tous - y compris moi-même - sentent cet amour et en soient nourris.

Je m'aime, donc je fais un travail qui me plaît vraiment, avec et pour des gens que j'aime et qui m'aiment ; un travail qui met en valeur mes compétences et talents créatifs tout en m'assurant de bons revenus. Je m'aime, donc j'ai une attitude et des pensées aimantes envers tout le monde, car je le sais, tout ce que j'émets me revient amplifié. J'attire uniquement des gens aimants dans mon univers, car ils sont un miroir de ce que je suis. Je m'aime, donc je pardonne et libère complètement le passé et toutes les expériences passées, et je suis libre. Je m'aime, donc j'aime sans réserve l'instant présent, j'expérimente chaque moment comme agréable, sachant que mon avenir est lumineux, joyeux et protégé ; car je suis l'enfant aimé dont l'Univers prend soin avec amour maintenant et toujours. Qu'il en soit ainsi.

Je t'aime.

Louise L. Hay, auteur du best-seller *Transformez votre Vie*, est une conseillère, enseignante et conférencière de renommée internationale.

Le message clé de Louise Hay est le suivant : « Si nous avons la volonté de faire un travail mental, nous pouvons pratiquement tout guérir. » L'auteur dispose d'un grand nombre d'expériences et d'informations de première main sur les schémas mentaux qui créent la maladie physique, y compris sa propre guérison du cancer. Dans ses nombreux séminaires, cours et conférences, elle propose des procédés pratiques pour dissoudre les peurs et les causes des maladies. Elle consacre sa vie à aider les autres à découvrir et utiliser le plein potentiel de leurs propres pouvoirs créateurs.

LES EDITIONS VIVEZ SOLEIL

Nous sommes de plus en plus nombreux à désirer nous rapprocher de la nature, donner une part plus grande à la créativité personnelle et vivre pleinement dans un monde en changement constant. Pour cela, il nous faut découvrir les principes de santé et d'harmonie nous permettant d'améliorer notre relation avec nous-mêmes, nos proches et le monde dont nous faisons partie.

Les méthodes de santé sont actuellement multiples et variées. Qu'elles soient issues des traditions anciennes ou des études scientifiques modernes, il est important de percevoir leur complémentarité pour faire ensuite librement ses choix et agir en se prenant en charge.

Les EDITIONS VIVEZ SOLEIL présentent des chemins possibles, montrent des directions, en se situant au-delà des querelles d'école et en respectant les convictions et préférences de chacun. D'un livre à l'autre se multiplient les occasions de prise de conscience et de compréhension. Si les expériences proposées nous attirent, nous sommes invités à *vivre toujours plus au pays du bien-être :* favoriser notre santé et notre épanouissement, développer nos ressources personnelles et notre connaissance de nous-mêmes dans une approche globale tenant compte de toutes les dimensions de l'être humain : physique, émotionnelle, mentale et spirituelle.

Les livres signés « Docteur Soleil » sont le fruit du travail d'équipe de personnes de tous horizons pour réaliser des synthèses dans un langage simple et pédagogique. Ils s'appuient sur la documentation fournie par la FONDATION SOLEIL de Genève dans les domaines de la santé et du bien-être.

Les livres, les cassettes audio et les cassettes vidéo que nous publions sont sélectionnés pour la qualité de leur information ou la beauté de leur message. Tous visent à nous permettre d'entrer dans une conscience de la vie plus large, plus joyeuse et plus libre.

Demandez notre catalogue gratuit à :

EDITIONS VIVEZ SOLEIL

SUISSE
32, avenue Petit-Senn
CH-1225 Chêne-Bourg, Genève
Tél. (022) 349.20.92
Fax. (022) 348.96.80

FRANCE
z.a. de l'Eculaz
F-74930 Reignier
Tél. 50.43.47.92
Fax. 50.95.77.42

Autres livres de Louise L. Hay aux Editions Vivez Soleil :

TRANSFORMEZ VOTRE VIE

Nous avons le pouvoir d'agir sur nos pensées et ainsi de transformer notre vie.

Tel est le message de Louise L. Hay qui vous accompagnera pas à pas dans votre démarche vers la guérison par plus d'amour, plus de pardon et plus de joie de vivre.

L'AMOUR SANS CONDITION

L'auteur explique l'approche positive de la vie et de la santé ainsi que la manière de gérer les multiples difficultés posées par des situations très difficiles. Cette œuvre est empreinte d'une immense compréhension et donne des outils précieux pour vivre positivement.

LA FORCE EST EN VOUS

Des pages dédiées aux ressources intérieures de l'être humain, à son pouvoir, à sa créativité. La vie est un apprentissage perpétuel que l'on peut faire dans la joie et en se sentant maître de son destin.

Louise L. Hay guide le lecteur de manière très pratique et stimulante.

Cassettes audio :

- **Et si nous parlions de votre vie**
- **Créez votre santé**
- **Cancer**
- **Sida**

Aussi aux Editions Vivez Soleil...

TECHNIQUES DE VISUALISATION CRÉATRICE

Shakti Gawain

Votre imagination vous permet de créer une image précise de ce que vous souhaitez, puis de maintenir en vous cette image jusqu'à ce qu'elle devienne une réalité objective.

Utilisez cette puissance pour créer ce que vous désirez : amour, joie, relations satisfaisantes, travail gratifiant, santé, beauté, prospérité...

BONJOUR BONHEUR ! - Ken Keyes Jr

Avec les douze leçons de ce livre, apprenez à cesser de programmer votre malheur et celui de votre proches. Créez un monde dans lequel le bonheur fleurit à chaque pas.

LES 7 CHEMINS DE LA PAIX - Dr Gabriel Cousens

Médecin holistique (approche globale de l'homme), l'auteur propose de retrouver la paix que préconisaient les Esséniens.

La paix mondiale passera donc, pour chacun, par la paix avec son corps, son esprit, sa famille, sa société, sa culture, son environnement et Dieu.

LE POUVOIR DE L'AMOUR

Dr Gerald Jampolsky, Diane Cirincione

Surmonter les obstacles, atteindre la sérénité et le bien-être, c'est possible ! Il suffit pour cela de retrouver la capacité d'aimer. L'amour a réponse à tout !

MES SECRETS DE SANTÉ-SOLEIL - Dr Christian Tal Schaller

Depuis 25 ans, l'auteur pratique en enseigne toutes les méthodes de santé. Le livre foisonne de conseils pratiques et d'explications précieuses pour mettre le bien-être au programme de chaque jour.

Trouvez tous nos ouvrages
dans notre catalogue complet, gratuit
-livres, cassettes audio et vidéo-

Plusieurs éditeurs œuvrant pour un idéal convergent ont décidé d'unir leurs efforts, remplaçant la compétition par la coopération. Nos partenaires sont les Editions AMRITA, LE SOUFFLE D'OR, L'OR DU TEMPS, le centre ISTHEME / DIEM (cassettes) et LE CHANT DES TOILES (cartes et posters)

***LES MESSAGERS DE L'EVEIL** mettent en commun leurs forces tout en préservant l'identité de chacun.*

***LES EDITIONS VIVEZ SOLEIL** invitent leurs lecteurs à soutenir l'édification de ce réseau de lumière en germination.*

Nos lecteurs trouveront dorénavant nos ouvrages sous le nom "Editions Vivez Soleil". Toutefois, certaines de nos anciennes publications sont encore disponibles sous le nom "Editions Soleil".

Achevé d'imprimer
sur les presses de la
S N I Jacques et Demontrond
25220 ZI Thise/Besançon
en juin 1993

Imprimé en France